U0452041

如何
找到理想工作

Sue Kaiden
［美］苏·凯登◎编著
周昕◎译

Find Your Fit
A Practical Guide
to Landing a Job You'll Love

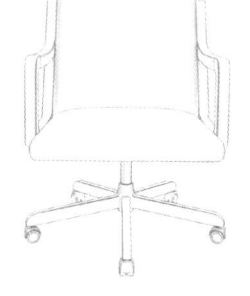

北京联合出版公司
Beijing United Publishing Co.,Ltd.

图书在版编目（CIP）数据

如何找到理想工作 / （美）苏·凯登编著; 周昕译. —北京：北京联合出版公司, 2020.9
ISBN 978-7-5596-4434-3

Ⅰ.①如… Ⅱ.①苏… ②周… Ⅲ.①职业选择—通俗读物 Ⅳ.① C913.2-49

中国版本图书馆 CIP 数据核字（2020）第 130582 号

Published by arrangement with the Association for Talent Development, Alexandria, Virginia, USA.

如何找到理想工作

作　　者：[美]苏·凯登
译　　者：周昕
出 品 人：赵红仕
责任编辑：孙志文
封面设计：张志凯

北京联合出版公司出版
（北京市西城区德外大街 83 号楼 9 层 100088）
北京联合天畅文化传播公司发行
北京美图印务有限公司印刷　新华书店经销
字数 240 千字　880 毫米 ×1230 毫米　1/32 9.375 印张
2020 年 9 月第 1 版　2020 年 9 月第 1 次印刷
ISBN 978-7-5596-4434-3
定价：58.00 元

版权所有，侵权必究
未经许可，不得以任何方式复制或抄袭本书部分或全部内容
本书若有质量问题，请与本公司图书销售中心联系调换。电话：（010）64258472-800

目录

推荐序 /01

前　言 /05

第一部分　你是谁

第一章　你是什么样的人 / 003

第二章　你能做什么 / 014

第三章　你适合在哪里工作 / 026

第四章　好了，现在写一份职业规划 / 044

第二部分　开始行动

第五章　打磨一份高效的简历 / 065

第六章　维护好个人品牌及网络形象 / 082

第七章　打造有效的人际关系 / 102

第八章　谋求职位 / 116

第九章　拿下面试 / 130

第十章　入职前的自我评估 / 151

第十一章　得到你想要的工作 / 162

第三部分　应对挑战和特殊情况

第十二章　该走还是留：如何跳槽成功 / 175

第十三章　如何升级自己 / 193

第十四章　职业进修 / 211

第十五章　自己创业和包工 / 223

第十六章　国外就业 / 240

第四部分　附录

附录一　兴趣测试 / 255

附录二　个人日程工具 / 258

附录三　评估工具 / 259

附录四　技能清单 / 261

附录五　职业规划及目标公司汇总 / 263

附录六　简历 / 264

附录七　个人市场规划 / 273

附录八　价值取向信 / 274

附录九　月度开销清单 / 275

附录十　求职信 / 277

附录十一　国外市场 / 280

推荐序

职业教练该为你做什么？根据《鲍利斯词典》——一本只存在于神话中的词典——职业教练主要帮人们解决三个基本问题：什么、哪里和怎样。具体而言，即做什么工作、在哪里工作、怎样找到这样的工作。

要想搞清楚一些更有深度的问题——我最喜欢使用哪些技能？我最喜欢在哪里使用这些技能？怎样找到一个梦寐以求的工作并得到聘用？——职业教练也能帮到你。

在致力于解决上述问题时，为什么说职业教练是比伙伴或至交好友更好的选择呢？总的来说，职业教练所拥有的三方面资源是你的至交好友并不具备的：

- 职场、劳动力市场和"热门工作"的相关信息。
- 求职或跳槽等相关知识。
- 根据多年客户服务经验而总结出来的智慧，比如应该规避什么、采取怎样的步骤，以及可利用的捷径等。

曾几何时，求助于职业教练是个可选项——如果喜欢，那就找一位。如今，要想让自己的人生变得更有意义、更富有成果，那么找位职业教练已经越来越成为一个必要选项。为什么呢？显而易见，你会比想象中更长寿。长寿就意味着你将在世事变迁的环境下工作更长时间，而这将会影响你需要做出的很多决定。

毋庸置疑，有史以来人们总是越来越长寿。如今的不同之处在于变化来得实在太快。世界每年都在重构，工作和工作场所总是处于重新定义之中。正如经过无数修改和更新后的摩尔定律所观察和预测的那样，一切正以前所未有的速度发生着。

你需要找位职业教练来帮自己掌握诸如"连接""断开连接""人与机器"和"无休止的变动"等新词。

连接：由于无线热点、互联网、集中式计算机系统或集线器、数字电子、移动计算机、智能手机、人工智能、集成电路和传感器等技术的发展，人们越来越多地把原本并不相关的事物重新定义为可连接的事物。我们可以把马路上的汽车连接起来交流信息吗？当然。能把各种设备——电灯、安全系统、健身追踪器和家电——连接起来，让它们彼此通信吗？可以。能把机器人连接起来，让它们直接或通过中心集线器与其他机器人通信吗？当然可以。亚马逊已经做到了——在YouTube（油管）输入"亚马逊和机器人"搜索一下试试。

你将不得不在一个物联网所统治的世界里去决定"什么""哪里"和"怎样"这三个问题。物联网这个概念于1999年由凯文·阿什顿首创，指包括每个物理对象在内的所有事物都可连接、可编程、智能化并能与人类互动。专家预测，到2020年将有340亿到500亿设备联网。而那距今不过四年之遥。[1]

断开连接：迄今为止一直连接在一起的事物——至少在我们想象中互相关联的事物——开始断开连接。在世界变动的大格局下，工作

---

[1] 译者注：本书成书于2016年。

的概念可能不再限于"一份工作",收入的概念也可能不再限于"一份薪水"。世界上有些地方甚至已经不再把金钱和工作联系在一起。比如全民基本收入这个概念,那是面向所有人的无条件补贴,无论对象工作与否都能得到。爱尔兰、德国、希腊、芬兰、瑞士、纳米比亚、巴西、阿根廷、加拿大和美国等国家都已经在讨论这个问题。在美国,劳工部前部长罗伯特·赖克就是全民基本收入最著名的支持者。所以说,你需要一位职业教练,因为他比你更了解职场现状。

人与机器:随着世界的变化,许多人相信机器人将在不久的将来接管我们所有的工作,劳动力将被技术所淘汰。如果你去咨询一下专家——正如我所做的那样——追问他们将有多少工作被完全取代时,他们预测目前美国只有5%~19%的工作将被机器人、技术或计算机程序所取代。也就是说,很多新技术实际上并不会消灭工作岗位,而是会帮助处理工作中的某些任务。这意味着在多数工作中将出现一种新的合作关系。

麻省理工学院的科学家把这种合作关系称为"人机共生"。我更愿意称之为人机耦合——人类与人类发明之间的伙伴关系。未来的所有工作可能都需要先解决这个问题:"需要多少机器和人?"

无休止的变动:那将是连接对象、传感器、计算机、数据捕获和重设用户结果五者之间无休止的变动,也包括了工作、工作场所和整个世界处于重构时的变动。

在这种情况下,你需要职业教练帮忙做四件事:

● 全面了解自己。如果你在野外徒步旅行时突然发现一条奔流不息的小溪在脚边打转,第一反应肯定是找到一个坚实的立足点。同样地,全面了解自己也能让你在周边一切变化中找到"坚实的立足点"。在变化的工作场所中，了解自己是谁、喜欢什么、最擅长什么、什么能激发自身思维、什么能让自己把工作做到最好等情况，比以往任何时候都更重要。

● 克服对机器的畏惧感。职业教练会帮你把机器看作补充自身技能的朋友，而不是窃取工作成果的敌人。

● 跟进。完成自我评估之后，你就会了解自己打算从事哪个领域或哪份工作。那么，不妨在得到许可的前提下花上一两天时间去跟进一位员工，看看这个工作或领域的实际日常内容。其中有多少工作需要人工完成？又有多少需要机器完成？

● 熟悉机器人和传感器。熟悉机器人和传感器的设计、制造、操作、维护和维修。也许在这个过程中你会发现自己真正喜欢做哪些事；要是真那样，就想办法训练自己做好这些事。

所有一切都建立在这个假设的基础上：你越来越需要的职业教练是个有血有肉的人——一个能够学习、成长和与时俱进的人。在此基础上，你还需要一本书，那就是本书——《如何找到理想工作》，它会让你快速了解当前需要了解的事情。

变化的世界建立在今日世界的基础之上，本书将帮你掌握这个世界。读懂它、思考它并掌握它，你所拯救的生命将是你自己的。

迪克·鲍利斯
《你的降落伞是什么颜色？》作者

前言

无论是作为一位职业教练，还是作为费城地区大型求职组织志愿者，我都经常会给求职者和跳槽者推荐书籍。推荐一本自己没看过的书当然会让我觉得不舒服，所以多年来我读了许多职业相关书籍。其中不乏好书，但也有很多显然是作者的私心之作，让读者按照书中指示充当了试验品。为了保险起见，我通常会推荐一些经典之作，比如迪克·鲍利斯撰写的《你的降落伞是什么颜色？》。

然而，我还是希望有那么一本书，能给求职者一些真正有用的建议，让他们找到适合自己的工作。我也希望找到这样一本书，能够回答我作为职业教练遇到的常见问题，并告诉我如何一步步去解决这些问题。2014年入职人才发展协会时，我了解到协会正在考虑出版这样一本书。协会希望这本书可以成为会员年会之外的补充职业指导，对所有职业人士都能有所助益。

于是，我们联系了16位职业教练和求职专家，请求他们在各自擅长的领域提出最佳建议去解决问题。我们还要求他们在建议中尽可能包含以下内容：

● 就求职者和跳槽者最常遇到的问题，提供认真筛选后的意见。
- 有条理、分步骤地提供实用指导。
- 读者可用来查询更多信息的免费和廉价资源。

《如何找到理想工作》就是这16位教练共同努力的成果。在本书中，他们致力于提出详尽意见，帮助你找到自己喜欢的工作。

关于本书

根据赫伍德·斐格勒和迪克·鲍利斯的《职业顾问手册》，在求职或跳槽过程中，你需要回答三个问题：

- 想做什么？
- 在为此做什么？
- 有哪些妨碍因素？

《如何找到理想工作》一书分三部分来帮你回答这三个问题。在第一部分中，你需要创建一个自我清单来解决"想做什么？"这个问题。这部分将教会你如何识别自己的个性特征、兴趣和技能，并了解它们与工作满足感之间的关系。然后，将讨论如何确定最适合的工作环境。最后，帮你创建职业目标和计划，来找到这样的工作。

第二部分主要介绍21世纪的求职机制，其中包括简历、面试和在线申请等基础知识，再加上个人品牌、社交和薪资谈判三方面内容。

第三部分主要介绍一些可能阻碍目标实现的挑战。首先帮你衡量当前工作满足感及可能遇到的问题类型。然后，介绍如何积累经验得到升职，以及怎样确定自己是否需要参加新的培训或取得新的证书。此外，这一部分还探究了自主创业问题，甚至用一章的篇幅论述海外就业问题。

如何使用本书

你可以按顺序从头到尾阅读本书，也可以选择自己关注的个别重要话题进行跳读。鉴于章节中已经注明了其他章节相关材料的交叉引用，不按顺序阅读本书也没关系。

如果你正处于转型期或想要做出改变，建议从第一部分开始阅读，以确保知道自己想要做什么。求职者最常犯的错误之一是不知道自己正在寻找什么类型的工作——这类似于在没有确定目的地的情况下去度假。因此，在阅读简历章节之前，请完成第一部分中的练习，以确保在开始旅程之前知道自己要去哪里。

如果目前在职的你不确定当前工作是否适合自己，那么建议从第十二章"该走还是留：如何跳槽成功"开始阅读本书。这一章有个测试能帮你诊断遇到的问题，还会根据你可能需要做出的改变来指导阅读其他最相关的章节。

谁需要读这本书

本书面向希望提升工作和职业满足感的职场人士。它不仅适用于那些"正处于转型期"的人，也适用于那些希望发展事业、改变职业生涯或找到更合适工作的人。我们希望读者能使用本书中的工具和方法提升工作乐趣，并让职业向着理想中的方向发展。

找到合适的工作是否现实

要在一家合适公司找到合适工作就必须制订好计划，那就从第一章开始阅读！如果你觉得这样的目标不太现实，请再听我说几句。根据本书16位职业教练的经验和知识，采用这种方法既是现实的，也是必须的。只有适合工作岗位和公司文化的员工，才有可能成功并茁壮成长。待在一个不合适的环境中，你不仅不开心，也很难取得成功。既然如此，为什么不努力增强取得成功和幸福的机会呢？

总结

本书提供的建议不会过时。虽然科技在许多方面改变了求职的属性，但它并没有改变公司雇用员工的事实。所以，尽管筛选简历的可能是机器，请记住，在另一头需要雇用合适人选的依旧是人类。本书将帮你找到那些特别契合你的公司和同事，让你作为一个"预先筛选过"的候选人出现，成为职位和公司的理想选择。找到他们——我向你保证，他们会很高兴收到你的求职申请。

致谢

最深切地感谢16位作者的辛勤工作和奉献，也最深切地感谢迪克·鲍利斯慷慨写下序言。非常感谢才华横溢的两位编辑凯瑟琳·斯塔福德和梅丽莎·琼斯，她们的辛勤工作使本书结出硕果。感谢詹妮弗·荷马对本书的建议，也感谢多年来所有职业教练给予我们的诸多帮助，他们提供了书中很多案例。最后，衷心感谢我的丈夫汤姆和两个孩子安迪和克莱尔，感谢他们在过去一年里支持我，最终使本书得以出版。

苏·凯登

美国人才发展协会职业发展团队实践经理

第一部分　你是谁

本书第一部分将帮你确定自身兴趣、技能、个性和价值观，这些因素决定了你的职业偏好和工作场所偏好。此外，你还需要制订一个职业计划来指导自己接下来的行动步骤。

第一章

你是什么样的人

/莱克莎·马修斯

确保职业成功的最佳策略之一是遵从自己的内心,做出能够带来职业满足感与个人成就感的就业决策。当前,许多职场人士可能还在根据导师、劳动力市场趋势或家庭等途径确定最合适的职业道路,而另一些职场人士则已经发现了职业成功的秘密武器——确定自身个性和兴趣并提高自我意识。健康的自我意识就像职场人士的内置指南针,能够帮他们做出就业决策、定义个人品牌并提高工作绩效。本章旨在让你明确自身个性和兴趣,以及它们与就业选择和工作满足感之间的关系。

确定个性和兴趣

基于职业目标的个性和兴趣评估,可追溯到19世纪末职业发展行业刚兴起时。从那以后,人们开发了各种各样的评估方法来帮助解决各种问题,比如为职场人士提供绩效培训、确定学术专业、匹配职业种类、评估公司文化契合度和明确个性偏好等。虽然这些评估基于不同的理论框架或方法,但充分了解自己以协助职业决策和管理的基本前提总是正确的。通过个性和兴趣评估了解自己的过程弥足珍贵,且会对职业生涯产生持久影响。

本章所说的个性是指一个人的做事和行为方式，而兴趣则指喜欢做什么。了解自身行事方式和偏好有助于深入分析哪些职业领域、行业和公司最适合自己。此外，还可以防止自己做出糟糕的就业决定，从而置身于无法茁壮成长的职场文化之中。

需要同时注意的是，个性和兴趣类型并非处于真空之中，而是会受到外力和外部作用的影响。生活经历、个人目标和环境因素都会影响你是谁、你的行为方式以及你想成为什么样的人。所以，在整个职业生涯中需要定期反思自身个性和兴趣，因为二者对职业决策的影响会随着个人和职业的成长发展而有所改变。这就是为什么30多岁时能给你带来巨大满足感的职业，在40多岁时反而成了一种负担，让你很难找到成就感。

随着生活中一些重大事件的发生——比如结婚、生子或爱人的离世——你可能会觉得需要找个新工作或改变职业。在这些生活的转折阶段，了解自身个性和兴趣可以确保自己做出的就业决策不仅能带来成就感和满足感，还能帮助实现自我需求。

最重要的是，提高自我意识可以避免让你进入一个无法带来成就感的职业领域，或是应聘到一家企业文化与自我个性产生冲突的公司。

第一步：了解自身兴趣

兴趣决定了你愿意参与什么活动、喜欢和怎样的人在一起以及选择追求哪些爱好。在某些情况下，兴趣比个性特征更能预测工作满意度。是否在感兴趣的领域工作，也是你在专业领域能否取得成功，以及在困境中能否保持韧性的有力指标。与个性评估一样，职业兴趣评估也有很多不同框架。一般而言，此类评估要求你将不同类别的兴趣进行排序。因评估方式不同，兴趣类别也会有所差异，但通常不外乎户外和室内工作、机器操作、艺术形式展示、帮助他人、使用语言技能说服以及创业兴趣等。

最常用的兴趣清单源于约翰·霍普金斯大学心理学家约翰·霍兰德的终生工作——20世纪70年代提出且经久不衰的人业互择理论。他所提出的职业主题代码，也称霍兰德代码，已被职业顾问广泛采用来帮助学生和职场人士选择职业道路。事实上，你或许已经见过使用霍兰德职业主题的兴趣清单。本书附录一的兴趣测试可根据霍兰德主题代码将你的兴趣进行快速分类。

现在，请花几分钟时间在本书附录一完成非官方自我兴趣测试。

霍兰德代码说明

完成兴趣测试并确定与主题代码最为相关的两三个字母后，可参阅以下说明：

实务型（R）：你可能擅长修理，喜欢户外活动或运动，倾向于独自工作而非团队合作。你会经常提出这个问题："我能做些什么来完成这项工作？"

研究型（I）：你可能喜欢学校，喜欢学习新事物。你喜欢研究和解决复杂问题、战略游戏、难题；你的爱好往往涉及航海之类较高超的技术或较复杂的技能。你会经常提出这个问题："我们怎样才能找到问题的根源？"

艺术型（A）：你可能有创造力，喜欢通过艺术、音乐、戏剧或写作来表达自己。你会经常提出这个问题："我们能不能通过其他方式做到这点？"

社会型（S）：你可能喜欢与他人在一起——业余时间你或许选择当教练或老师、招待客人或承担志愿者工作。你会经常提出这个问题："我们怎么来共同解决这个问题？"

管理型（E）：你可能很有竞争力，喜欢冒险，有说服力，善于激励他人。你更喜欢成为领导者而不是追随者，而且也许喜欢政治、在地方董事会当志愿者或投资股票市场。你会经常说："我们现在就开始吧！"

事务型（C）：你可能非常有条理，效率很高。你注重细节，擅长与数字打交道，更喜欢研究结构而不是即兴创作。业余时间你大概喜欢收集东西，去家庭度假小屋或者玩纸牌和游戏。你会经常提出这个问题："我能帮忙整理吗？"

花几分钟时间在附录二的个人日程工具中记下自己的前两个类型代码，了解自己的类型代码会得到哪些好处。

职业决策：兴趣评估清单可以提供一份可能适合你的职业或行业列表。这些结果往往能根据你的兴趣揭示各种可能的选项。美国劳工部管辖下一个优秀的职业网站O*NET（www.onetonline.org）就使用霍兰德类型代码来协助进行职业选择。

工作满足感：从事感兴趣工作的职场人士往往更有效率，更加主动。研究表明，对自己的工作感兴趣的员工即使在充满挑战的情况下工作，也会保持动力和韧性。

成长机会：了解自身兴趣也能帮你发现适合自己的成长机会和职业发展。例如，许多教育工作者因为乐于帮助儿童而投入教学工作，却忽视了教学和教室管理所涉及的大量行政工作。对于不喜欢行政工作的教师而言，担任校长可能并非最好的职业发展选择。

工作场所环境：职业兴趣能够体现你所喜欢的工作场所文化或环境类型。这将在第三章中详细介绍，这里我们列出了与每个类型代码最为契合的工作环境：

实务型：此类人可能喜欢每天四处走动的环境或职业；也可能偏好独自工作，而非频繁的团队合作。

研究型：此类人倾向于深入研究一个主题以了解真相。因此，重视深度而非速度的组织可能更为合适。

艺术型：此类人也许倾向于工作的完成方式能有一定自由度，喜欢管理相对粗放、让员工以自由方式完成任务的公司。

社会型：如果对帮助他人有浓厚兴趣，此类人可能更喜欢在非营利组织或对客户服务有强烈承诺的营利性公司工作，也可能倾向于拥有协作团队的公司。

管理型：管理型通常也是创业型，所以此类人可能喜欢初创公司。由于倾向于领导型角色，他们更喜欢存在很多领导机会的公司。

事务型：此类人喜欢为有组织、有秩序、规程明确的公司工作，比如大型或老牌公司。

如果想更详细地了解自身兴趣，并获得与兴趣相匹配的潜在职业完整报告，请查阅本书附录三，那里列出了一些广受欢迎的兴趣评估工具。

第二步：了解自我个性

个性反映了一个人的行事方式，无论私事还是公事。许多用以理解个性和描述个人偏好的理论框架会通过同一维度或采用二分法进行个性比较，比如对内向和外向的偏好、对计划或随意的偏好或者对领导或服从的偏好。有些框架还涉及你对冒险的好恶，以及在创造力和大局思考中你的个人倾向。比较一下彼此相反的偏好，你就能更好地理解自己的行为。

个性偏好

多数个性概述会衡量以下偏好：

计划或随意：如果你喜欢每天按部就班的常规工作，那么可预测工作（比如会计）可能更适合你，那些随时可能发生变化的工作（比如急诊护士）就不太适合你。大型企业往往在程序上比初创企业更加成熟，而后者倡导即兴发挥。

细节或大局：相对于大局，如果你更擅长细节，那么重视细节的公司和职业（比如计算机编程）会比那些要求具有抽象或创意想法的职业（比如营销）更合你意。如果你是个有创意的人，不妨去注重创新的公司工作，以更好地发挥自身创造力。

种类或深度：如果喜欢做不同工作而不是专注于一件事，你可能会喜欢小公司。小公司允许你拥有多个头衔，其岗位可能每天面临许多不同挑战。

团队或单干：如果喜欢和团队一起工作，你会更倾向于需要接触人而非长时间独自工作的领域。多数人希望自己的工作既能接触人又有独自工作的时间，所以在考虑不同类型职位时应首先考虑自己倾向哪方面多一些。

领导或服从：如果喜欢从事领导工作，那么有很多领导机会的公司会更合你意。较小的公司有时可以为职业生涯早期人群提供领导机会；而较大公司虽有更多职位，但其升职制度通常结构分明。

头脑或心灵：如果做决定时依赖逻辑而非感情，那么需要分析数据和用逻辑解决问题的工作对你来说会舒服些，那些需要理解他人情感或使用外交手腕的工作会让你无从下手。

需要回答的问题

下面的基本问题列表有助于挖掘影响职业和工作环境选择的性格因素。虽然这不是正式评估，但它可以让你思考自身偏好。找个安静的地方，花点时间浏览一下。尽量不要过于简单地回答每个问题，试着想出一些实例和经历来佐证自己的答案。

你喜欢提前计划还是随波逐流？
你喜欢遵守规则还是随心所欲？
你喜欢创意无限和综观全局吗？
你喜欢工作宽泛还是专注深度？
你喜欢单独工作还是团队合作？
你更擅长处理细节和事实还是更擅长处理理论和概念？
你喜欢领导还是服从？或是兼而有之？
你喜欢和什么类型的人在一起？不希望和什么类型的人在一起？
你倾向于用头脑还是心情做出决定？
你什么时候最有效率？什么时候最没效率？

以上问题答案有助于评估你喜欢的任务类型和工作环境。请把答案写在附录二的个人日程工具中。

你或许在单位或学校接受过迈尔斯·布里格斯类型指标或DISC行为模式等个性评估。如果还保留着结果，请花几分钟时间查看一下，并把结果输入个人日程工具。如果你从未做过个性评估，可以使用附录三中所列的免费和廉价资源。当然，如果不习惯独自行动或已经在职业问题方面挣扎了很久，不妨考虑咨询职业教练。

使用个性评估

个性评估最常见的目的之一是帮助专业人士找到快乐的职业，因为个性对任务的完成会产生很大影响。对你喜欢的工作类型有一个清晰的理解，并确保这种类型存在于你选择的职业方向或工作中，这对于你的工作满意度是至关重要的。简单依赖于自己擅长的东西（技能）并不总能确保职业满足感。

比如说，内向还是外向会影响你履行工作职责的能力。内向者可能非常擅长完成某些有时间进行反思和内部处理的任务。然而，如果让内向者承担需要大量公开演讲、小组互动或社交的工作职责，他们可能会不知所措。同样地，外向者从他人身上汲取能量，在处理以群体为中心或需要与他人高度互动的任务时可能顺风顺水，而在承担需要长时间独处的工作职责时很难保持动力。

确保绩效的最佳方法之一是找到最适合自己个性的职业类型和公司文化。即便你是一位从事正确工作的高成就专业人士，在为错误的公司服务时，或许表现仍会受到负面影响。比如，喜欢与他人频繁互动的人可能在不重视人际关系的公司中表现不佳。同样，如果一个人喜欢独自工作，却在一家高度重视团队合作、项目合作和社交活动的公司工作，那么他的工作效率和承压能力会在这个违背个性的环境中受到负面影响。

如果你注重主动性、机动性和创造力，那么一个高度官僚的组织可能会扼杀你的创新能力。同样，如果你注重结构和流程，那么高度结构化的行业或组织（如医疗保健或高等教育）会助你蓬勃发展，而缺乏架构的公司则会让你深感沮丧。

何时聘请专业人士

在下列情况下咨询专业人士：
- 不认可自己的个性评估结果。
- 不确定如何前进或下一步该做什么。
- 感觉个性评估结果与个人或家庭之间存在内部冲突。
- 在根据评估结果缩小选项范围时存在一定困难。

技能和优势

了解个性类型和兴趣往往有助于你明确天生的优势和技能。第二章将更深入地探讨技能评估，但请先在个人清单中记录本章练习过程中发现的自身技能或优势。

如今，许多专业人士受到鼓励去识别和评估自身优势和性格特征，以建立个人和专业的自我意识。这种基于优势的方法根植于过去几十年出现的积极心理学运动。简而言之，专注于优势的评估会吸引你去注意那些可以指导行为且助力良好表现的先天特征。优势识别器2.0、性格优势行为调查和伯纳德·霍尔丹提出的可靠优势等都属于此类评估，而且是目前比较流行的评估方法。

了解自己才能更好地了解他人

不应该为了做评估而去做人格和兴趣评估。你可以将从自我意识建设过程所学到的东西应用到业务关系中去。你的上司、同事、商业伙伴都有独特的个性和兴趣。了解自己的个性和兴趣可以提高你对他人偏好的认识和理解，从而帮助你提升人际关系。提高自我意识会在以下方面积极影响你的工作关系：

- 避免与他人发生冲突。
- 找到关联之处和相似之处。
- 确定与较难相处同事打交道的策略。
- 感知你的个性如何影响他人。
- 为手下员工分配正确的任务和项目。
- 聘请合适的员工来赞美你的团队。

一句警告

增进自我意识有很多好处，可以带来高水平的职业表现和满足感。重要的是，要记住，个性和职业兴趣只是你研究的一个方面。你还需要考虑技能（第二章）、价值观（第三章）、就业市场（第四章）、入职点（第十四章）、经验和财务需求等其他因素。

在进行任何个性或兴趣评估之前，你应确保：

研究工具的可靠性：无论决定采用哪种评估，一定要搞清该工具理论基础背后的研究。至少，信誉良好的公司会给出该工具的可靠性和有效性信息，表明评估工具已通过测试，可以确保结果的一致性和准确性。

了解评估结果：许多在线人格和兴趣评估会详细解释理论框架和评估结果。无论如何，在解释评估结果时寻求职业教练或咨询师的帮助通常会有帮助。许多从事职业工作的专业人士接受过评估解析的专门培训，可帮助你将评估结果应用于个人职业抱负。

总结

请记住，在整合职业生涯故事时，个性评估和兴趣清单只是其中一部分。如果一个职业梦想没有出现在个性或兴趣评估报告上，也不要自我封闭或否定这个职业梦想。你应该使用本书中所有工具来帮助自己开辟理想的职业道路。要是一时迷失了方向，请永远记住一切从了解自己开始——为什么你按自己的方式行事以及什么让你感兴趣。

在继续阅读并完成本书练习前，你最好以日志来记录自己在整个过程中学到的内容。你也可以使用附录二中的个人日程工具来记录对自我的关键看法。

第二章

你能做什么

/丹·施瓦茨

本章将帮你识别和描述自身最佳技能和优势。我们提供了一些用以评估自身技能的免费或廉价的方法。这些资源将帮你确定如何有效地使用技能评估来选择和规划职业生涯。

你可以把发现自身技能和优势的过程想象成一部罪案电视剧。每一次经历、每一份工作和每一项成就都是找到最终目标的线索——或者说解决问题的线索。你可以注意到，罪案剧进行到中途时，侦探们通常似乎已经找到了罪犯并准备结案，随后有了新的进展，出现了新的证人或是发现了新的证据，一切又产生了新的疑问。罪案剧的故事情节就像一条职业道路，总是曲曲折折。有时候就在你以为找到了自己喜欢的东西时，又发现了新的爱好。你可能以为找到了自己的使命，似乎又总有新的东西在等着你。

找到自身技能和优势能让你随之发现什么职业最适合自己。在为了找到理想职业匹配而进行的"调查"过程中，你需要回顾过往经历，包括工作、教育、志愿者机会、项目和许多其他来源。在回顾过去最成功的经历时，一连串的相似之处会让你了解自己真正擅长什么。

个人清单

要想了解自己和擅长的事情,其中一种方法是建立个人清单。鉴于个人清单与职业偏好相关,可以把它看作一幅自画像。个人清单一般包括以下内容:

- 技能与优势:你擅长什么以及有哪些诀窍。
- 个性特征:你是谁以及如何与这个世界互动。
- 原则或价值观:你赖以生存的个人道德观。
- 综合考虑:公司的规模和类型、位置、通勤、工资和经验水平。
- 工作环境:企业文化和管理风格倾向。

如第一章所建议的,在完成本章练习时请在工作日志和个人日程工具(附录二)中记录对自我的了解。本章练习主要集中在技能和优势两个部分。

定义自身技能

我们都通过多年学习掌握了各种各样的技能。与天生优势不同,技能不是与生俱来的;相反,它们是我们通过各种各样的经历——比如教育和正规培训等——逐渐培养出来的才能。比如,即便天生好胜心不强且不喜欢销售,如果你必须在不同场合向潜在客户销售产品,那么很可能会成为一名熟练的销售人员。

有哪些技能

要找到热爱的事业,至关重要的第一步是真正了解自身完整的技能。知道自己拥有什么类型的技能不仅能帮你找到合适的空缺职位,也有助于在面试过程中通过简历推荐自己。了解自己能对公司有何助益不但将使你脱颖而出，还可以增强你对于自身能力的信心。每个人都有各种各样的个人技能和职业技能，基本上可以分为四大类：

●与他人合作的技能：教学、监督、关心他人、主持会议或活动、销售产品或服务以及倾听或咨询。

●处理事物的技能：修理、机器或设备操作、烹饪或烘焙、建造、园艺和计算机修理。

●数据处理技能：信息收集和汇编、问题调查、计算机编程、研究或科学实验、数字计算以及会计或记录。

●构思技能：故事或诗歌创作、作曲、新产品或服务创造、教育项目设计、战略计划开发、乐器演奏和唱歌或表演。

要识别自己最喜欢使用的技能，最好的方法之一是列出最自豪的成就和最满意的事情。不一定非得是很大的成就，可能只是发生在点滴的生活中——工作、学校或家庭中的小事情。花几分钟时间把这些成就记在表2-1中。不必费心思考，写出脑海里自然浮现的事情就可以。

表2-1　我喜欢的（大小）成就

1.
2.
3.
4.
5.

完成了成就清单，下一步就是针对其中每一项写个简短的故事。别担心，这些故事只是为你自己准备的，没人会给它们打分。每个故

事都应包含以下元素：

- 情况背景。
- 你为什么决定做这件事。
- 你面临的问题或挑战。
- 详细说明你一步步做了什么。
- 你的结果——最后怎么样。

此外，故事还可以包括以下内容：你是跟别人一起还是独力完成？你在这个过程中最喜欢什么？这件事给你什么感觉？在本书后面的部分，你会用到这个故事格式——有时被称为CAR（挑战challenge、行动action、结果result）或SOAR（情境situation、障碍obstacle、行动action、结果result）公式。这里有个示例故事：

> 当我还是个孩子时，全家度过了很多美好的假期，但回家后，我对旅行的记忆都会很快淡忘。所以每次旅行结束后，我都会不辞辛苦地用照片和日记记录下每天发生的事情。为了保存记忆，妈妈会带我去附近的打印店装订。我喜欢一边回忆这些过程，一边通过讲述故事把它们变成生活的一部分。而且，我喜欢有个最终成品，能让自己一次次地回到记忆中享受假期。现在每当我回家，仍会仔细浏览它们。

这个故事很短，但它透露出一些关于我的重要情况，直到今天这些情况依旧没有变化。阅读这个故事时，你看到了我的哪些技能？

- 写作。

- 编辑信息。
- 创建和设计产品。
- 记录和保存历史。

从这个故事中，我得以发现一些自己喜欢使用的技能。这些技能主要与想法和数据相关，而与人或事无关。当然，这里只是一个故事，你需要更多故事来全面了解自身技能。

下面是我用以识别自身技能的另一个故事：

> 在堪萨斯州立大学的最后一年，我是一名大学导师，教授一门叫作"大学经验"的学习技能课程。通过教学经历，我发现自己喜欢帮助他人，喜欢教学生如何在课堂上取得成功。毕业后，我意识到自己希望继续分享这些见解，所以决定写一本书。约两年后，我自己出版了第一本书——《成功的策略：在课堂、事业和生活中取得成功》。

从中我们再次看到了以下技能：

- 写作（思想）。
- 编辑信息（数据）。
- 创建和设计产品（想法）。

除此之外，我们还可以看到：

- 教学（人）。
- 帮助别人（人）。

- 分享信息（想法、数据）。
- 设计一个教育计划（想法）。

接下来是另一个示例故事，可以用它来练习识别技能和优势。故事包括挑战、为解决问题而采取的行动以及最终结果。学会讲述与工作相关的故事不但能帮你识别某些技能，还能在潜在雇主要求你面试时详细描述简历所列技能时发挥重大作用。

苏西的故事

苏西上三年级时，在自己和朋友们喜欢玩的树林里发现了一些碎玻璃。起初，她觉得捡起来就行了，后来她意识到玻璃太多，需要花很长时间才能清理干净。而且仔细一看，她才意识到那玻璃其实很古老，是很久以前的东西。

这些玻璃制品看起来像古董，苏西想试试能否找到更多。她戴上手套，拿了小铲子和水桶。再度检查那个地方时，苏西意识到那些东西集中在地面某个凹陷处。她在那个地方仔细挖掘，找到了更多东西和旧瓶子。接着她又注意到地上还有许多其他洼地，可能埋着更多东西。这可是项大工程，苏西找了几个朋友来帮忙。

第二天，他们回到树林里，挖出了50多件东西。他们对自己的发现感到兴奋，但更想知道这些东西的年代。有些瓶子上写着字，好像是镇上已不存在的商店名。苏西去了图书馆，找到100年前的电话簿。她在1896—1902年的电话簿上找到一些以前的奶制品店和药品店，电话簿上的这些店名与一些瓶子上的名称相匹配，于是她准确地确定了这些瓶子的年代。

从那次探险起，苏西开始收集旧瓶子和物品，学会如何鉴定年代甚至卖出了一些。她不但喜欢寻宝的过程，也喜欢研究这些物品的年代和由来。

这个故事提到了哪些技能？对于苏西可能喜欢什么类型的工作，它有没有提供一些线索？

基本技能

从已经创建的清单中选择一些成就，并仿照上方结构编一个简短故事来描述自己所做的事情。

你拥有什么样的技能？接下来，请参照附录四中的技能清单，编制自己故事中突出展示的技能，这些技能应该可以归类到我们前面讨论过的四个类别。一定要突出你的故事中反复出现的技能——这些最有可能是你与生俱来的技能，也就是你的强项。定期和别人分享下自己的故事，看看他们从中听到了什么，那会很有帮助。通常，我们往往对自身最佳技能过于习以为常，甚至无法意识到它们是别人很难得到的有价值的技能。

定义自身优势

有人问过你做某件事有"诀窍"吗？如果有的话，他可能就是在指出你的一项优势。每个人都有让自己与众不同的优势。所谓优势，是指在特定活动中持续准确输出高水平表现的能力——是我们天生擅长、只需少量甚至不训练就能做到的事情。当然，练习和深入训练可以强化优势，但总体来说是我们容易做到的。

在个人发展中，发现自身优势是最具挑战性的任务之一。你可能意识到自己在某方面很有天赋，但要想知道是什么让你在某项活动中表现得如此出色并不容易。不过，在寻找匹配职业时，了解优势和了解技能同等重要。在置身于能够发挥天生优势的环境中时，技能也会得到提升，而如果能把优势和技能结合在一起，你就会走上一条非常成功的职业道路。

通过回答以下问题，你可以了解更多自身优势。

你在哪些未经培训的领域取得了成功

任何时候，只要你在工作、运动和活动等其他个人经历中取得过成功，你就有机会发挥长处。许多体育名人，比如泰格·伍兹和迈克尔·乔丹，在很小的时候就意识到自己有天赋。诚然，他们接受过特殊训练和指导，但本身都有一种无法传授或复制的独特运动能力。天生优势可以让某些人在未经正式培训的情况下就能胜任一份工作，而且表现出色。

花点时间想想，在很少或未经培训的情况下你有过哪些成功的经历或工作。很可能你之前所写的一个或多个故事就涉及某些自身优势。

你有什么诀窍

有没有哪一次，别人问你怎么做到的，你却回答不出来？也许你知道如何做好某件事，却无法教别人如何去做。这就意味着你是有诀窍的。每个人都有一种特别而独有的力量，那是天生的，无须付出多少努力。它可能是你与他人交流的方式，也可能是你分析问题的方式，还可能是你教授他人技能的本事。

除了通过做事发现最适合自己的任务，还可以关注别人对自己的评价。

你最大的个性特征是什么

我们都有自己独特的个性。试着做个自我反省练习：想象一个你总是感觉最好、最舒服的情景。一边想着这样的场景，一边尝试找出性格中的哪个方面可以让自己如此放松。也许你是他人冲突中一股平静的力量，或者你有能力和耐心教会别人一项技能。无论在什么情况下，性格都会对你的处事方式产生巨大影响，这时优势就会以最好的方式展现出来。花点时间自我观察，你可以发现自己真正的优势。

在第一章，你评估了自身个性类型。在这里也可以参考个人日程工具中用以描述自己性格的词，它们可以帮你完成这个练习（附录二）。

你喜欢做什么

认识到自己喜欢做什么可能是发现优势的最好方法之一。我们经常因为擅长某些事而爱上做这些事。每当有机会教别人一项新技能时，我都喜欢这种经历，因为自己天生就有能力与对方建立联系并帮他取得成功。反过来，这种感觉也给了我一种无法比拟的内在动力。

你喜欢做什么？它让你感觉如何？理解这些问题的答案很可能会让你找到自身优势。不管是运动、活动还是工作中的一项任务，我们都有自己真正喜欢做的事情。之前写的故事谈到过自己喜欢做的事情吗？如果没有，不妨再写一两个去描述自己怎样做喜欢的事情。

你是"达人"吗

所谓"达人"，是指在某领域有天生优势且经常被要求运用这种优势的人。比如像我这样的培训师，在课堂上开发培训材料和活动时经常依靠不同的人提供创意。其中就有一位优秀的平面设计师，他对书本封面或迷人图形总是有着奇妙的想象力。

人们找你做什么？当人们经常就某件事向你寻求帮助时，说明你在这方面有优势。花点时间去观察别人让你做什么，然后根据这一点来发现自身优势。

技能和优势之间的关系

技能和优势代表了你所能提供的一切——你能用来帮助组织取得成功的核心能力和整体知识库。你的技能集合就像一座图书仓库，每当你接受一个新的挑战或充当一个新的角色，就能在"仓库"中增加一项技能,从而成为一位更全面的职场人士。优势则不同,它一直存在于你身上,并对技能集合起到提升作用。

来做个头脑风暴练习:拿一张纸,把所有技能列在左边,所有优势列在右边。接下来看看两份清单,有没有什么技能和优势可以结合起来形成独特天赋,并能为组织做出贡献。你可以把这些天赋作为自己简历和面试过程中的亮点。比如:

- 销售人员可以把提出正确的开放式问题(技能)和解读客户情绪(优势)两方面结合起来,提高成功销售的可能性。
- 医生可以把阅读实验报告(技能)和与患者沟通以了解他们的需求(优势)结合起来,从而提供高水平的患者护理。
- 培训师可以把开发一项活动(技能)和运用一种创造性思维(优势)结合起来,为参与者创造一种引人入胜的体验。

越是把技能和优势结合起来,就越能准确定义你可以在哪些职业取得成功。此外,将技能和优势结合起来还会开阔你的眼界,让你找到以前没有考虑过的可能性和职业道路。了解自身全部知识和能力是确定前进道路和发现茁壮成长机会的第一步。

把技能和优势与职业领域相匹配

技能和优势是个人清单的一个重要组成部分,而了解它们如何与特定职业相匹配就更有帮助了。

下列免费或廉价资源可以助你一臂之力:

O*NET技能搜索

O*NET在线(O*NET Online)的技能搜索门户(www.onetonline.org/skills)是个免费工具,可以帮你了解哪些技能与特定职业相关。

根据你所选择的技能，它会提供一个可能的潜在职业列表。填完列表，你就可以点击某个职业去查看其综合报告，其中包括工资、工作活动、教育程度、工作风格和当前就业前景等内容。这个网站还可以定制高级报告、详细报告和自定义报告。

MindTools

MindTools（www.mindtools.com）是个全面的职业技能网站，里面有许多技能相关资源和免费的职业技能简报服务。网站上的综合评估包括15个问题，从5个方面评估你的技能：

- 自我掌控：你如何领导自己、设定目标和了解自己。
- 时间管理：如何管理时间和提高效率。
- 沟通技巧：如何与他人沟通和倾听。
- 问题解决和决策：如何解决问题和选择最佳方案。
- 领导力与管理：你如何领导和管理他人。

MAPP职业评估

MAPP（Motivational Appraisal of Personal Potential，个人潜能测评）职业评估是个15分钟的测试，它能帮你找到适合自身技能和优势的职业。此外，MAPP网站（www.assessment.com）还提供各种资源，帮你利用评估结果规划职业生涯。

《优势识别器2.0》

《优势识别器2.0》是《现在发现自身优势》一书的新版。这本书内容十分全面，囊括了一个人能够拥有的数百种不同优势。如需了解更多，请访问http://strengths.gallup.com。

《职业前景手册》

《职业前景手册》包含了大量不同行业和职业领域的信息，包括工作环境、教育、薪酬和职业前景等。如果已经确定自己打算走的职业道路，可以用《职业前景手册》来看看特定职业是否与自身技能集合相匹配。网址：www.bls.gov/ooh。

总结

本章中概述的工具和资源将帮你充实个人清单，让你在之前发现的自身性格类型和兴趣线索中增加一个技能列表。

完整的清单会让你更好地了解自己能做些什么来帮助潜在雇主实现组织目标。只有花时间去了解自身才能，你才更有可能找到一份自己喜欢和真正热爱的工作。

第三章

你适合在哪里工作

/希莉娅·马格利斯

工作场所文化是什么？这很难用文字描述。那么，如何判断一家公司的文化是否适合你呢？有一套流程可用于了解企业文化并确定工作场所是否适合你。公司会对求职者进行文化契合度筛选，你也可以做同样的事情来指导自己求职。

在选择工作场所时，求职者通常会评估自身优势、能力和兴趣，以便找到适合的工作，并沿着自己希望的职业道路前进。但是，找到合适工作只是通往满意工作的第一步。求职者还必须找到合适工作的最佳工作场所。这就需要额外关注文化契合度问题。

了解自己的目标和原则

要确定公司文化是否合适，首先要考虑你最关注的问题。想在职场茁壮成长，就得找到一个工作时感到有意义的组织。你还需要寻找运作原则和价值观一致的工作环境。因此，确定文化契合度的第一步是弄清什么对你来说比较重要，即你的目标和原则。

了解自身目标

想想你热爱的事情：

- 你在意什么？
- 哪些因素与你的生活有特殊关联？
- 什么样的工作会让你感到满足？

一旦能够确定哪些事情对你来说很重要，你就得到了确定一个组织是否合适的重要信息。

要了解目标有多么适合你，不妨想想那些在非营利部门工作的人。他们当中的许多人对事业怀有真正的兴趣。对他们来说，经常会有亲戚朋友受到一些问题的影响，而这些问题是其所在组织正在寻求解决的。通常，非营利组织员工的热情源于他们在个人层面上更加关注事业。对他们来说，为组织工作不仅仅只是一份工作——更是一个机会，让他们得以在自认为至关重要的领域发挥作用。

相反，对那些旨在赢利的人来说，赚钱历来被视为终极目标。事实证明，单一的经济追求终究有其局限性。

如今，越来越多的公司把工作视为对国际社会做出贡献的一种手段。而这种目标明确的专注不仅促进了企业的蓬勃发展，也帮助员工达成了通过工作实现个人价值的愿望。这种更广阔的视角能让关心这一事业的员工动力更强并投入更多。

比如，家乐氏公司宣称其宗旨是"滋养家庭，让每个人生机勃勃"；星巴克的存在是"为了激励和培育人类精神"；西维斯健康将其宗旨描述为"帮助人们走上更好的健康之路"；耐克则寻求"为世界上每一位运动员带来灵感和创新"，他们宣称："只要四肢健全，就可以是运动员。"

2012年2月，脸书创始人兼首席执行官马克·扎克伯格在公司首次公开募股文件中给潜在投资者写了一封信，称脸书是"为了完成一项社会使命——让世界变得更加开放和互联"。该公司希望"加强人与人之间的联系"。脸书认为,他们正在通过增加开放性和透明度创建理解与联系。

所以,哪些事情对你来说是重要的?想想那些能激发能量的事情。是帮助他人、保护环境、改善健康、创造幸福,还是别的什么?

你当然可以在许多领域做出有意义的贡献,所以需要确定哪些方面能让自己在工作中得到满足。找出那些能让你感到产生共鸣的方面,不要局限于自己擅长提供的产品或服务,因为这些只是对工作契合度很重要,对文化契合度来说可能反而是限制因素。如果限制了视野,你就会错过很多定位目标的潜在机会。

你可以根据自己的生活经历来进行思考。从自己的选择中,看到什么规律了吗?有没有特别吸引你的领域?把过去的经历当作一种资源,而不要当作一种限制。

定义自身目标

回答下列问题以找到自己觉得有意义的领域:

- 你喜欢做哪些事情?
- 你真正在意哪些事情?
- 哪些行业让你觉得有亲近感?
- 在哪些类型的活动中你会忘了时间?
- 哪些因素对你来说真的很重要?
- 你经常谈论和阅读哪些话题?
- 生活中哪些事情让你有所触动,并对你产生了长期的影响?
- 什么工作让你兴奋、满足且充满活力?
- 你希望解决哪些令自己担心或伤心的问题?
- 哪些兴趣会在你的生活中反复出现?

- 根据对自身长处的了解，你个人比较倾向于哪些事业？
- 你想如何运用才能来为一个更美好的世界做出贡献？
- 如果无须工作，你会做什么？
- 如果没有退路，你希望自己这辈子产生什么样的影响？
- 你希望别人记得自己什么？

根据自己的回答，在工作日志中列出这些个人目标，把每个目标用陈述句形式表达出来，比如：我想帮助别人，我想保护环境，我想改善健康，我想让人们快乐。

要确保每个目标都有意义，自己愿意为之付出。有了这些潜在目标，你就迈出了理解自己的第一步，进而去选择合适的公司文化。

了解自身原则

了解自己的下一步主要是澄清信仰和价值观。要找到一个合适的公司，你必须感受到公司文化的核心原则和价值观对你而言是和谐的。而要诊断这种和谐到底存在与否，就必须思考自我，思考指导自己生活的价值观。

很多价值观看起来都挺重要，但我们的目标是找出对你来说最重要的价值观。如果这些与工作场所的价值观不一致，就会导致脱节。有些职场文化是以人为中心的，而有些则是以数据为中心的。一些文化以节俭为荣，而另一些则把重点放在奢侈上。想想对你来说最重要的价值观，从中获取一些必需信息来指导自己找到合适的工作。记住，阐明价值观对生活中的其他许多事情也是有益的，比如选择人生伴侣，所以了解自己最珍视的价值观和基于理念的信仰，还可以帮你做出正确的人生选择。

工具：识别自身原则

查看表3-1中的价值观列表，从中选择对你来说最重要的价值观。如果想到列表中缺少的其他重要价值观，请添加到表格最后的其他价值观部分。一定要选择符合以下三个标准的价值观：

- 这一价值观对你来说很重要。
- 这一价值观指导你如何生活。
- 这一价值观让你在工作场所感到舒适。

表3-1 价值观列表

成就	数据	乐趣	和平	无私
激进	设计	给予	以人为本	服务
冒险	坚定	成长	完美	简单
侵略性	纪律	幸福	性能	真诚
敏捷性	多样性	努力工作	持久性	社会责任
关注细节	开车	健康	权力	解决方案
自治	义务	高标准	可预测性	复杂
美	有效性	荣誉	积极主动性	速度
通融	效率	谦卑	专业性	灵性
大胆	赋权	幽默	盈利能力	自发性
友情	创业	图像	承诺	标准化
乐观积极的态度	环境	想象力	守时	状态
有爱心	平等	不拘礼节	质量	风格
庆祝活动	道德	倡议	识别	可持续性
确定	超预期	创新	关系	人才
改变	卓越	情报	可靠性	宽容
协作	实验	领导	韧性	传统
沟通	专业知识	学习	足智多谋	信任
社区	公平	遗产	尊重	独特
同情	信仰	逻辑	责任	不可思议
能力	家庭	忠诚	响应性	康乐

续表

竞争	反馈	测量	结果	工作生活平衡
合规	金钱至上	流动性	刚性	
一致性	健身	开放	严格	其他价值观：
控制	灵活性	所有权	风险	
勇气	正式	参与	安全	
创造力	自由	伙伴关系	保密	
好奇心	友好	激情	保证	
客户满意度	节俭	爱国主义	自力更生	

请先在表3-2的左列写下最多10个你最在意的价值观。然后在中间列出用以解释这些价值观的相应原则，以明确什么对你来说是重要的。比如，如果你选择了"乐观积极的态度"这一价值观，那么相应原则可能就是"尽我所能完成工作"。如果你选择了"改变"这一价值观，那么相应原则可以这样写："我喜欢改变，把改变视为机遇。"最后，在右列中添加每个原则的对应实例。

表3-2 最在意的价值观列表

最在意的价值观	原则	实例

如果这些原则和价值观对你的生活起到指导作用，那么它们在你所在的公司最好也很重要。否则，你将无法与公司文化和谐相处，而紧张感会降低你的发展潜力。

搞清楚对自己而言重要的宗旨和原则后，下一步就是评估工作场所文化，以确保自己了解组织的贡献和特点。

了解组织的目的、理念和优先事项

一旦明确了自身目标和原则，就需要将它们与未来组织的目的、理念和优先事项进行比较。这并不总是容易做到，但有些方法可以让你搜集到公司文化的相关线索，即便从"外部"也可轻松做到。

要评估自己是否适合某家公司，你需要熟悉该公司的核心文化，包括其存在的原因及指导员工工作的信念和价值观。公司核心文化的组成部分包括目的、理念和优先事项（图3-1）。

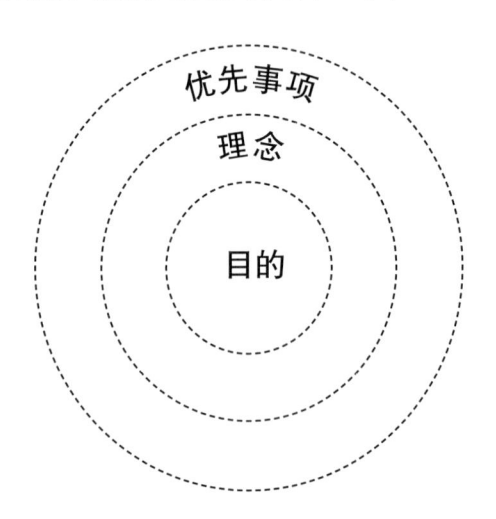

图 3-1 核心文化

来源：马格利斯（2010）

了解组织目的

多数组织会存在关于其目标的表述,用以解答以下问题:

- 本组织的目的是什么?
- 本组织的工作为何是重要的?
- 本组织的社会贡献是什么?

组织目的是阐明其存在理由的表述。比如,埃隆·马斯克领导的许多公司旨在改善地球和积极影响人类未来。目的是一种发自内心的奉献,是员工工作的意义源泉。

组织目的一般都是很难完成的。如果已经完成,那么组织就不再有继续存在的必要。一个组织的产品和服务会随着时间而变化,但组织存在的终极原因通常经久不变。公司可以修改目的的表述方式,但主要的奉献精神会一直持续。目的既可以用来过滤行动,也可以用来激发预期行为。某些公司的目的是让人们快乐,而另一些可能想要拯救生命或帮助人们实现梦想。一个宽泛而真实的目的会扩大公司的关注点,为产品或服务提供多种可能性。这种广阔的视角使公司能在不断变化的世界中蓬勃发展。

那么,如何确定公司的目的?

- 首先看看该公司通过网站、营销以及最高领导层演讲所传递的信息。公司目标可能包含在任务说明之中。
- 如果可能的话,与员工建立联系,看看他们如何描述公司的贡献。他们是否谈论工作的目的?他们是否对作为工作基础的事业有共同的激情?他们是否说明为什么工作是重要的?

评估目的是确定这个公司对你来说是否重要的关键一步。将个人目的列表与考虑应聘的公司目的进行比较，然后确定公司工作对自己是否有意义。如果自身目的与公司目的没有联系，你就不会对公司产生很强的责任感，那么工作也就可能让你觉得缺乏意义。

了解组织理念

如果说目标是组织存在的原因，那么理念则是其独特而持久的存在方式。我们可以把理念看作公司的个性或品格。员工们认为理念是本公司与其他公司尤其竞争对手的区别所在。理念是指导员工如何工作的价值观，或者说一套较小的原则或价值观。它通常源于公司的创始人，或者驱动组织创建的原则和理想。

要发现公司理念，就需要研究公司，找出指导员工决策、行动的原则和价值观。此类价值观通常贴在公司墙上，融入员工的交流中，并在公司网站上分享。不过，公司公开价值观并不总是实践价值观，所以在评估公司所声明价值观的真实性时要谨慎些。

工具：揭示公司理念的实际步骤

使用以下资源来深入了解你所评估的公司：

● 在公司网站上研究其历史。在互联网上搜索创始人信息。尽可能多地阅读创始人的相关信息，以及对其来说很重要的原则和理想。创始人的个性和性格往往会影响公司理念。

● 识别公司的核心价值观，一般可以在公司网站的"关于我们"或"工作机会"两个栏目上找到。

● 浏览Glassdoor（www.glassdoor.com）等网站，浏览员工对公司文化的评论。你可以在评论中找到主题，说明公司最重视的是什么；也可以在网站上搜索公司曾经使用过的面试问题，这些面试问题可能体现了公司的价值观。

● 看看领英和脸书上的公司页面以及推特上发布的推文，看看他们在Instagram上分享的照片和视频。公司的价值观可能通过这些条目和图片显现出来。

- 《财富》的最适合工作公司、Glassdoor的最佳工作地点、领英的北美100家最受欢迎雇主以及www.GreatPlacetoWork.net网站等都是不错的资源。阅读这些网站上的公司描述和员工访谈以了解上榜公司。网站内容会揭示在这些公司工作是什么感受，而这些网站上的博客文章通常会更深入地揭示公司文化。

- SlideShare（www.slideshare.net）发布的一系列公司文化展示。可以用公司名称或带公司名称的"文化代码"搜索，找到感兴趣的公司展示。

- 在线职业网站The Muse（www.themuse.com）所提供的企业内部幕后观察，其中包括员工视频在内。这个站点提供了数百家公司丰富多彩的图片，可以为你的决策提供更多参考。

- 在线职业社区和全国性职位布告栏CareerBliss（www.careerbliss.com）提供工作满足感、薪酬和员工幸福感等数据，你可以在此看到公司评论、概述和文化评级。

- 信息详尽的公司评级网站Vault（www.vault.com），其评级和评论分为"较好""较差"和"最差"三个层次。

- 发现公司理念的另一种方法是观察员工的行为。如果公司有大厅或餐厅，员工往往聚集在那里，你可以观察他们的行为。如果参加面试，可以提前到公司观察员工的行为。

- 现任或前任员工可能是很好的资源。如果不认识在公司工作过的任何人，可以考虑参加有公司代表出席的专业协会会议。想办法去跟公司代表交谈，以了解在那里工作是什么感觉。

- 观察自己在面试过程中是如何被对待的——面试前、面试中和面试后。此外，工作场所的物理环境甚至具体面试地点都能透露出公司特质及其所重视的事情。

●在面试过程中,你可以向雇员提出一些最重要原则的相关问题。比如:

——你会用什么词语来形容这家公司?

——这个组织的核心原则或价值观是什么?请讲述具体原则或价值观的相关实例。

——你怎么看这个组织的创始人(或领导者)?

——如果能做一件事去改变组织文化,你会做什么?

——你们的明星员工表现出什么品质?什么样的行为会得到奖励?什么样的活动值得庆祝?

——一个人需要具备什么样的品质,才能很好地融入这家公司?

在核心文化定义明确的健康组织中,其原则或价值观很容易被理解,因为组织员工的行为方式都表达了这些原则或价值观。比如,如果发自内心的关心和尊重是公司理念的一部分,那么员工在与他人和客户交流时,就会表现出发自内心的关心和尊重。如果这个价值观是真实的,你在面试过程中也会得到发自内心的关心和尊重。

了解组织优先事项

目的和理念之外的另一层是组织优先事项。与核心文化其他组成部分的不同之处在于,优先事项会随时间变化以推动组织取得成功。它们不像目的或理念那样稳定。优先事项是由公司在当前商业环境中需要专注什么来参与竞争而决定的。图3-2显示了两种优先事项:战略优先事项和普通优先事项。

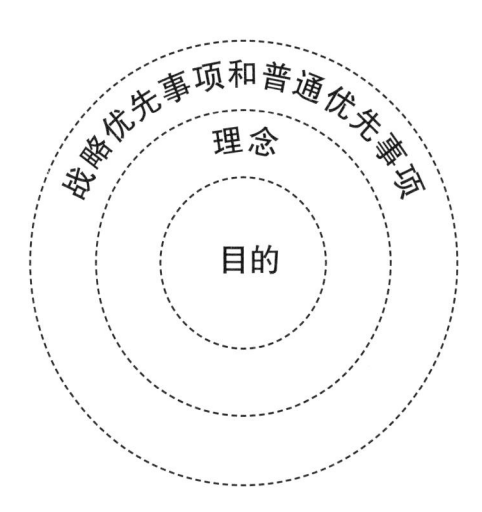

图 3-2 战略优先事项和普通优先事项
来源：马格利斯（2016）

了解战略优先事项

战略优先事项是与外部客户和市场焦点相关的价值观。了解一个组织需要关注什么来实现业务目标，就可以发现其战略优先事项。如果经济正在衰退，那么成本控制可能就是战略优先事项；如果白热化的竞争需要力图占领未来市场，那么速度可能就是战略优先事项；如果网络安全和隐私存在争议，那么安全可能就是战略优先事项。

识别战略优先事项可能很困难，在面试过程中你可以提出以下问题来了解战略优先事项：

- 公司的当前目的是什么？
- 员工最迫切需要关注的问题是什么？
- 本部门的工作重点是什么？最大的机会是什么？

此外，你还可以在公司的最新年报中找到优先事项，它通常出现在首席执行官的致辞中。阅读整个年报可以更清楚地了解公司的战略和愿景。一家公司的网站通常包括"投资者关系"和"新闻或媒体"两个栏目。这些页面中含有大量公司及其战略重点的相关材料,包括新闻、报告、幻灯片和博文等。像www.vault.com和www.guidestar.org等网站还提供许多组织的战略和财务信息。他们提供的都是最新信息,以便浏览者能更全面地了解公司战略和财务。

每个行业都有独特的挑战。你应该搜寻正在考虑的那些公司的行业信息。他们面临的问题可能会影响他们的战略优先事项。

只有了解公司的战略重点,你才能评估自己如何帮助公司实现目的。如果能突出自己对公司的贡献,你就能向对方展示自己是最合适的人选。

了解普通优先事项

普通优先事项聚焦于公司内部和员工的价值观。公司只有关注这些领域,才能拥有一支敬业的员工队伍。普通优先事项包括适合、信任、关心、沟通、成就和股权等。在这些普通优先事项上下功夫,可以让员工发挥出最佳能力。

在求职时,你应该试着去看看一家意向公司如何完成这些普通优先事项。因为这些优先事项会提高员工的敬业度,它们存在与否会让你了解到这个工作场所是否适合。

契合度

公司是否成功雇用了契合组织文化和工作的员工?公司应该提出以下文化契合度问题以筛选求职者:

- 组织目的对求职者来说有意义吗?
- 组织价值观与求职者价值观相符吗?

公司还可能围绕以下工作契合度问题来筛选求职者：

●求职者是否觉得自己申请的工作有意义？
●工作适合求职者的优势、技能和兴趣吗？

根据面试问题以及提供给你的信息，你可以确定公司是根据文化契合度还是工作契合度筛选员工，或是两者兼而有之。要明确公司需要什么样的人来填补这个空缺职位。公司如何描述理想的候选人？他们是否在寻找能从工作中找到意义与和谐的求职者？

为了拥有一支敬业的员工队伍，企业必须根据文化契合度和工作契合度有效地筛选员工。

信任

这是一个员工信任领导者的工作场所吗？缺乏信任会产生恐惧和疏离。试着去理解领导者的本质和风格及其为公司选定的方向。性格、连续性、能力、联系和公平都会促进信任。信任高层领导和直接上司的员工会表现得更积极。从外部去评估信任问题可能比较困难，如果能和过去或现在的员工建立联系，就容易知道他们的看法。听听员工如何描述以下影响信任的情况：

●他们认为领导者有能力吗？
●他们认为领导者诚实吗？
●领导者言行一致吗？
●领导者能激励员工吗？
●领导者能与员工有效交流吗？
●领导者会表现出对员工的关心吗？

关心

如果工作场所能带来归属感，如果领导和主管关心员工，如果员工在工作中有朋友，那么员工会更加投入。

如果能观察到在职员工，可以注意他们之间的行为举止。在职员工的互动将告诉你在团队合作和工作中是否存在友谊。你在办公室或桌上看到全家福了吗？在墙上看到员工照片了吗？所有人都会愿意去一个有爱心的场所工作。参加面试时，可以考虑提出以下问题：

- 组织如何对待员工？
- 领导者如何与员工互动？
- 员工如何对待彼此？
- 员工之间如何交往？
- 员工是否得到了做好工作所需的支持？
- 各部门之间如何有效合作？

沟通

沟通是敬业的关键驱动力。员工通过诚实对话和持续信息交流寻求开放的工作场所。有效沟通对于提高员工满足感和敬业度至关重要。

面试时可以收集员工通讯简报等，看看该组织所共享的信息类型。可以请求查看公司网站的员工门户，以了解公司对员工的开放程度。面试中可考虑提出以下问题：

- 组织通过什么途径与员工共享信息？
- 员工怎样得到做好工作所需的信息？
- 员工多久开一次会？可以详询召开会议的种类以及信息在整个组织中的传播方式。

- 什么类型的信息是与员工共享的？员工是否能及时了解公司的战略、目的和指标？
- 公司如何从员工那里获取信息和想法？组织是否经常根据员工的有益建议采取行动？
- 有没有鼓励各部门相互沟通的制度？

成就

组织如何支持员工的成长和发展？让员工感觉到自己在工作中取得成就和得到成长可以促进他们与工作的联系，从而提升敬业度。在面试过程中，尝试探寻组织对员工发展的看法。可考虑提出以下问题：

- 你刚进公司时担任什么职位？曾经担任过什么职位？
- 组织是否有入职仪式？
- 公司对员工发展的态度如何？公司为员工提供哪些培训和发展机会？
- 员工有发展计划吗？工作第一年是什么样子的？公司里有没有人支持员工发展？
- 公司内部存在哪些成长机会？有弹性任务吗？
- 员工是否经常收到工作反馈？
- 如何评价员工表现？
- 公司如何认可员工的成就？

主人翁意识

鼓励自主性、参与性、灵活性和问责性的工作场所必然会支持员工的参与。在面试过程中，你应尝试确定这些价值观是如何落实的。

试着去了解你能在哪些领域拥有控制权和责任,再看看公司政策是否灵活变通,有没有让员工平衡工作和个人需求。考虑提出以下问题:

- 公司是否鼓励员工在工作中有一定程度的自主权?
- 员工是否可以做出影响自身的决定?给出一些实例。
- 员工的工作方式和地点是否灵活?

公司一般都擅长实践某些普通优先事项,但总有一些领域是特别需要关注的。询问公司是否评估员工的敬业程度,努力去发现每家公司的优点以及为改善工作环境所做的努力。

通过了解公司的优先事项(战略事项和普通事项),特别是在想要工作的领域,你将能够判断这家公司是否适合自己。

总结

要评估企业文化是否合适,求职者必须清楚了解自身目标和原则以及意向公司的核心文化——目的、理念和优先事项。这种理解决定了某个工作场所对你是否有意义,是否适合你,能否促进你的参与度:

- 你关心公司宗旨吗?
- 公司理念是否与你的原则和价值观相一致?
- 你能为公司的战略优先事项做出贡献吗?
- 公司是否会落实能够提升员工敬业程度的普通优先事项?

并非每个组织都很适合你。这个过程是为了确定你与未来可能工作场所之间的一致程度。一致程度越高,那么文化契合度也就越高。

本章列出的流程能让你更好理解自己在接受工作时做出了怎样的选择。有关评估文化契合度的其他工具和信息，请参阅拙作《求职者手册：一步步教你用文化契合度找到合适的工作场所》。

评估自己是否适合组织文化后，你就有责任向公司展示自己将如何为公司目的、理念和优先事项做出贡献。只有充分了解公司的这些细节，你才能更好地推荐自己，并展示自己与组织文化和目的有多么契合。

第四章

好了，现在写一份职业规划

/艾丽莎·科恩

你已在内省和探索方面花了很多时间。过去三章中，你像侦探一样尽量去寻找线索以了解自己是谁以及什么适合自己。现在，你需要当一名领航员——根据所有数据去创建地图，然后指导自己完成职业生涯接下去的步骤。

你要做的是先综合各方面信息以确定一个（或两个）可能的候选目标，然后缩小选项，确定自己即将锁定的公司和角色。

不管你是打算离开当前的工作场所，还是在当前环境下寻找其他职业可能性，不管你是刚刚入职，还是处于职业生涯中期甚至后期，无论情况如何，此过程都有助于你确定自己的关注点以及需要采取的下一步行动。

入门工具

万事开头难，让我们开始吧！入门的最佳方式是收集已经获取的自我相关信息。到目前为止，你已经找到了自己的优势和技能，了解了自己的兴趣和个性类型，并确定了自身核心价值观。

那么，让我们来探索如何把这些方面结合在一起，以决定你真正想要的实际角色。正如我们需要把笔记、文件和工具放在同一个地方,你也应该把所有材料集中在电脑的一个文件夹里,当然也可以用笔记本或者那些能够助你有条不紊的网站。提前花时间整理材料会给你带来诸多好处。

撰写工作日志

前几章提到的另一个实用工具是工作日志,电子文档或纸质笔记均可。在整个过程中,你可以在上面写下想法和记录观点、词汇短语、联系人或任何想到的内容。根据自身喜好,你可以使用活页本或螺旋装订的笔记本,也可以利用Evernote(www.evernote.com)或JibberJobber(www.jibberjobber.com)这样的免费工具来记录对每个问题的看法。在建立或创建工作日志时,可参照以下八个方面:

● **个人日程工具**:使用个人日程工具(附录二)巩固自己的见解和想法。这将帮你记录下正在学习的最重要内容。

● **学习**:除了记录最初想找的工作和想探索的内容,还要记录自己通过信息面试学到的东西。

● **工作环境**:关注自己对工作环境的看法,尤其是当你还在努力决定目标:倾向大公司还是小公司,老牌公司还是初创公司,非营利组织还是营利组织。参观或了解不同的环境后,可以在工作日志中进行反思。

● **练习**:记录自我观察练习和反省。

● **人际关系**:整理人际关系和联系人。

● **求职策略**:写下远景目标和实现途径。

● **每日计划**:在工作日志中记录每日和每周计划,保持条理性。

● **目标和清单**:记录自己的进步。列出每天和每周要做的事情并时常核对。写下一天或一周的重点。这有助于继续学习过程、跟踪自我观点以及合理安排时间。

识别自身偏好

在第一章和第二章中,你列出了自身个性特征、兴趣和技能以确定自己能贡献什么。在第三章中,你明确了自身价值观,知道了在工作环境中什么比较重要。本章中,有必要来确定自己最喜欢使用的技能以及求职时最喜欢把精力放在哪里。只有这样,你才能搞清楚哪些对你来说是理想工作,哪些工作类型是应该尽量避免的。

偏好网格(表4-1)可以帮你确定最喜欢使用的技能和最擅长工作的环境类型。这个工具还会提醒你应避免哪些领域,有助于找到一份合适工作。

表4-1 偏好网格

类别	不喜欢	可能喜欢	喜欢
技能 例如:关于特定主题的教学或培训	你拥有但不想使用的技能:	你不介意使用的技能:	你最想使用的技能:
行业或部门 例如:医疗保健、金融、非营利组织	希望规避的行业或部门:	会考虑的行业或部门:	最感兴趣的行业或部门:
环境因素 例如:通勤时间、企业文化、薪酬、福利或公司规模	希望避免的环境因素:	可以接受但并不理想的环境因素:	最喜欢的环境因素:

技能

偏好网格中的"技能"部分可以查看你在个人清单中列出的技能。针对其中的每项技能,思考自己是否愿意每天使用。在"喜欢"一列写下喜欢使用的技能;多数人会有不喜欢使用的技能——在"不喜欢"一列中写出自己实在不喜欢使用的技能;那些不介意使用但又不想整天使用的技能，应该归类到"可能喜欢"这一列。在一个理想工作中，你会百分百地使用自己喜欢的技能。当然由于多数工作都包含一些对你不太有吸引力的内容，所以你要找的工作应该是在70%~80%的时间里可以运用自己喜欢的技能，而在其余时间里可以运用可能喜欢的技能。

行业或部门

偏好网格中的下一部分是你最希望进入的行业或部门。如果觉得自己可以在任何行业工作，不妨考虑制造业、服务业、政府部门或非营利机构。在第一章，你已经根据自身个性类型和兴趣发现了一些自己可能喜欢的公司和行业类型。现在再想想你喜欢和什么样的人在一起，哪些话题吸引你，到目前为止你在哪里工作过，你喜欢和不喜欢什么。只有了解自身兴趣和喜好，才能找到最适合的行业和环境类型。

环境因素

偏好网格的最后一个部分是环境：公司规模、企业文化、地理位置、通勤距离和薪资水平等等。你应该考虑所有对自己来说重要的工作环境因素，并根据自身喜好进行分类。在第一章和第三章中，你已经了解过一些最适合自己的工作环境类型。对自己保持诚实，告诉自己在工作中什么是可以忍受的，什么是不能忍受的。对一些人来说，通勤时间超过30分钟是无法忍受的，而另一些人则把通勤时间看作一种远离工作的放松方式。

完成偏好网格后，"喜欢"一列中的项目应该就是你理想中的工作。与值得信赖的朋友和同事分享自己的偏好网格，他们会审视、巩固和挑战你的想法，让你以更清晰的思路和更强大的信心向前迈进。

确定适合自己的工作

确定合适工作是个反复的过程。你需要了解自己，探索各种环境和机会，与人交谈和阅读，然后再重复这个过程。随着时间的推移，你会慢慢得到自己想要探索的目标领域的大致轮廓。

首先为求职创建一个使命宣言。这样你可以把对自己的了解融入想做的事情中。在第三章中，你创建了可识别的个人目标陈述。在个人目标中选择一两个，然后添加一些对自己来说很重要的关键技能、优势和工作价值观，这样就形成了一份使命宣言。现在就试着起草一份使命宣言。使命宣言应是鼓舞人心的，并且是你梦寐以求的。

例如，我的客户丹想要转换到一个全新的环境。他的使命宣言是这么写的：

> 我是个乐观主义者。我可以让任何一群人更好地一起工作。我也是个有创造力的问题解决者，每个人在不知道该做什么时都会找我。我善于综合多种观点。我想在一个充满动力和激情、可以共同努力的环境中做出贡献。希望能与帮我学习和成长的人们一起工作。我希望工作是有意义的。

当然，这并不能让他找到像市场营销或金融这样的具体工作，不过作为更广泛的标准，使命宣言可以为他正在寻找的东西起到过滤作用。

思考过自身优势、价值观和想要融入的文化后，你可能会对自己该去哪里寻找下一个职位有所了解。现在试着起草一份任务陈述，并把它放在附录二的个人日程工具顶部。如果对自己的需求还不够了解，可以尝试做些这种练习来获得更有深度的看法。

面试自己

要更多了解自身，可以给自己提出以下问题。不要反复修改答案，请自由自在地大声回答并记录下面试过程。如果觉得这样有点傻，不妨请朋友帮忙。完成以后，花点时间反思对自己的了解。把见解写在工作日志上，然后重新审视偏好网格。

●你最引以为豪的成就是什么？

——第二章建议列一份成就清单，并写一些简短的故事。如果你还没有做这项工作，现在可以补上。

●你最喜欢克服什么样的挑战？

●描述你最喜欢和哪些同事一起工作。

●你在什么样的环境中成长？什么环境不适合你？

——第一章和第三章介绍了一些对不同人有吸引力的环境类型。如果从中发现任何线索，请把它们记在工作日志上。

●看看下方的相关工作场所，哪种环境更适合你？

——大公司还是小公司

——营利机构还是非营利机构

——成熟公司还是创业公司

——快节奏还是慢节奏

——"执行文化"还是"家庭文化"

●物理环境对你有多重要？

●你想每次去同样的地方和办公室工作，还是想变得更机动、更远程、更灵活？

在工作日志中记下从这个练习中获得的自我新见解。

创建咨询委员会

如果你一直在孤军奋战,那么另一个练习可能会有所帮助,那就是邀请一些朋友和同事成为自己的顾问委员会成员。找一个值得信赖、有洞察力的朋友或导师,或者邀请几个亲密的朋友或同事共进晚餐,加入你的个人咨询委员会。与这个团队分享你在信息搜集阶段发现的自身信息,并展示个人清单或偏好网格,然后请教他们想到了什么样的工作或环境,能对你提出什么建议。询问他们对你的看法,鼓励他们互相谈论你,就当你不存在一样。一定要做笔记。(关于咨询委员会的专业建议:当你提供比萨时,他们会待得更久。)

下面是个人咨询委员会提供帮助的一个实例:

> 洛丽是一家大型上市公司的营销副总裁,但她并不快乐。经过一番思考,她意识到自己的核心价值观之一是"有所作为"。她热爱市场营销,也热爱组建团队,但没能有机会以有意义的方式为对自己很重要的事业或使命做出贡献。她也厌倦了在公司里随便做什么事情都必须面对的种种桎梏。
>
> 洛丽以为这意味着非营利机构对自己来说才比较合适,所以开始在这些机构寻找下一份工作。然而,在接受信息面试并与咨询委员会讨论后,她发现自己需要朝另一个方向看看。特别是咨询委员会让她明白自己适合在流动、快速变化的环境中工作。委员会还指出,她可以在一家小公司"有所作为",比如担任初创公司的高管团队成员,管理团队并产生影响。这也将满足她所说的"速度需求"。
>
> 最终,她在一家快速发展的小型初创公司担任了营销主管一职。她是执行团队的一员,在岗位上发挥了重要作用。

而且，她仍能在当地非营利组织的董事会任职，从而为对自己来说很重要的事业做出贡献。

实验和研究

即使在探索之后，你可能仍需要花时间来明确自己想要寻找的工作或职业。在这一点上，可以跟随自己的好奇心去进行一些有针对性的实验，也就是说可以先小规模尝试一下，而不要从一开始就全情投入。实验和实践通常不完全一样，但也足以给你感觉。在进行有针对性的实验时，明确自己想要从中获得怎样的结果十分重要，清楚而具体地写下目标来提醒自己为什么要这样做。

从自己觉得舒适和安全的人开始，去跟他人交谈。问问他们正在做什么，日常需要做什么。走进办公室去看看他们的工作情况，如果可以的话，甚至可以连续几个小时跟着他们。去参加一个公司的会议可能会很奇怪，但你可以坐在电脑前让他们给你解释。弄清楚他们所写的是哪些文档及文档的用途。他们整天和谁打交道？那对你有吸引力吗？在工作日志中写下自己的看法和主要收获。

另一种实验方法是找到你想做的事情的简化版本。以吉尔为例，她是一位受过正统训练、才华横溢的小提琴家，也是一位音乐教授，但她想转行。与许多人交谈后，她认为咨询工作将是伟大的下一步。由于从她原来所在公司进入一家咨询公司是很困难的事情，吉尔觉得应该找一家专注于学术的咨询公司，把自己的音乐技能作为"创造性思维"来展现。她还考虑去商学院正式学习商业技能。

想法很好，但她了解咨询是什么吗？吉尔想在投入工作之前找到一种探索咨询行业的方法。经过一番搜寻，她发现校友会有个团队，里面有许多非营利组织的志愿顾问小组，所以她加入了一个正在制订战略计划的小组。她想尝试咨询工作并获得一两项具体技能，帮助自己从音乐和学术界过渡到商界。她迫使自己走出舒适区，与一名团队成员共同做财务预测。这并不容易，但她学到了很多，而且发现自己在战略和数字方面很有天赋。最终，在参加几次志愿者活动后，吉尔决定进入商学院，她对自己的能力以及未来的发展道路充满信心。

小结一下：事业成功的起点是你喜欢和擅长什么，事业本身也同样在寻找价值观和文化相匹配的人。在思考事业问题时，你可以集思广益，通过咨询委员会获得外界对自身的看法；可以通过做实验来测试自己是否喜欢某些领域。

但这还不够。事业成功不仅源于你喜欢和擅长什么，劳动力趋势也很重要。明智的决策者会考虑"选择一个好的风口"——一个会和你共同成长的领域或行业。所以在决定自己打算进入的行业时，还要把外部趋势考虑在内。

注意趋势

趋势包括经济、人口（婴儿潮）、技术（信息技术带来的快速变化）或环境（气候变化）等多方面。它们既会影响选择，也会影响人们从选择中获取的回报。

例如，当前的一个趋势是人口老龄化，参与为老年人服务的行业可能是个很好的"趋势选择"。一个相反的例子是，印刷新闻业正在衰落。在新闻印刷业开始职业生涯意味着选择了一个可能永远无法成功的行业。

扫描一下周围环境，找到不会让你掉队的好趋势。以下是一些确定主要趋势的方法：

- 找三到五个从未读过的新闻来源（杂志、博客或报纸）。阅读一个月，看看能得到什么资源。

- 回顾现有职业和新兴职业及领域的预期增长数据和薪酬数据。劳工统计局（www.bls.gov/ooh）和劳工部（www.dol.gov）是两个很好的资源。
- 问问不同领域的人，他们认为未来的主要趋势是什么。
- 让你所在领域的人说说重要的未来趋势。

创建职业规划

是时候阐明你的职业规划了！你可以随时间推移而逐渐完善这个规划，所以哪怕第一次做得不好，也没关系。你可以使用附录五里面的职业规划模板，来明确下一个职位目标。除了自己最喜欢的工作地点、行业和环境类型以外，也要把自己想使用的技能类型囊括在内。使用个人日程工具（附录二）和偏好网格（表4-1）来提示一些关键因素，包括：

- 意向职位类型的通用标题。
- 你最想使用的技能。
- 行业偏好。
- 位置偏好。
- 重要的关键环境因素。
- 目标薪水。

如果现在被问及想找什么样的职位，你应该能清楚表达出自己的职业目标。职业目标表述示例如下：

我想在波士顿地区一家真正重视并支持员工发展的大中型医疗保健行业组织中，发挥自己培训和教学设计的技能。

或者是这样的：

> 我希望在咨询环境下运用分析技能，与小团队合作，为客户提高效率、增加收入或降低成本。我擅长计算，也善于交往，想把一些时间花在与客户打交道的活动上。理想中的公司最好是华盛顿地区享有良好工作环境声誉的小型成长公司。

现在轮到你根据职业规划信息制定职业目标。要足够具体，这样才能清楚地描绘出自己要找的职位类型。

起草职业目标后，设定一些能让自己接近目标的步骤和完成期限，比如修改简历、社交会面和研究目标公司等。

目标公司

在确定搜索策略前，先简单介绍一下如何识别目标公司。搜索过程的关键是瞄准你认为非常合适的公司。以第一章到第三章中的自我判断为标准，逐步缩小合适公司的类型范围，然后创建一个符合标准的公司列表。

有多种方式可以找到目标公司，比如ZoomInfo（www.zoominfo.com，注册该网站的社区版）、ReferenceUSA数据库、领英公司页面和Glassdoor（www.glassdoor.com）。第三章和第十章中有些如何进行公司研究的额外指导，附录五也可以帮你创建目标公司列表。

创建搜索策略

祝贺你，你已经起草了职业规划，确定了后续步骤，是时候行动了！那么，接下去该做什么呢？

如果你在积极找工作，就在纸上或网上列出最有效的策略。搜索策略将帮你充分利用时间和调整节奏，并在沮丧时起到鼓励作用。使用附录五中的职业规划或工作日志来确定后续行动内容及达到目标的时间表。

想想为实现目标你需要进行的各类行动：

- 自我研究。
- 与猎头合作。
- 信息面试。
- 社交。
- 在公司网站上寻找公开信息。
- 参加行业活动。
- 去招聘会。
- 培养技能和学习知识。
- 树立专家品牌。
- 打磨简历。

每个人求职所花的时间不同。如果你没在全职工作，就意味着有更多时间去找工作。每个人都有不同的外部义务——家庭、社区、志愿服务和学校等——所以，根据自身情况制订一个现实计划极为重要。如果某个过程对你来说很重要，那就很有必要看重并投入时间。

非全职工作搜寻

如果没在全职上班，同时又在找工作，你的一天可能是这样的：

9：00——**联系他人**：利用早上的前90分钟对关键人物做出回应，确保完成自己该做的事情（发篇文章，做个自我介绍）。这也是与新联系人建立交流和更新旧联系人的好时机。

10：30——**早间会面**：这是安排早间咖啡会议的好时机。你可能在早上完成了一些工作，觉得很有成效，那会让你看起来更自信。咖啡会面让你有时间用咖啡因充电并与他人互动。只有这样，你才会穿好衣服（对有些人来说这很有必要！）外出，而不是整天坐在电脑和电话前。你也可以利用这段时间做些在线研究，更新社交媒体，或进行其他活动树立自己的专家品牌。注意：这不是在脸书或推特上浪费时间的借口！

　　11：30——**私事或休息**：别忘了私事。找一份全职工作并不意味着生活停止——你仍然需要去干洗店或者买阿司匹林和牛奶。如果已婚，你可以利用这段时间帮配偶做点家务事。

　　12：30——**午餐会面**：如果方便，就安排与他人共进午餐。可以跟前同事见面，跟想要了解更多的行业协会人士见面，或通过关系网认识新联系人。与他人共进午餐不但是一种很好的见面方式，还能让你在外面的存在感得到提升，而不是宅在家里。那会给你一个全新视角，帮你振奋精神。

　　14：00——**研究和应用**：下午一般精力不足，不妨利用这段时间做些安静的研究，申请一些符合个人偏好网格的职位。要有选择性，只申请那些目标明确的职位（关于这方面的更多指导请参阅第八章）。研究行业趋势，学习一些自认为重要的东西，或者写几篇博客，也可以通过其他途径把自己塑造成行业专家。这也是研究特定公司和通过领英寻找新联系人的好时机。

　　16：00——**强力收尾**：用一些让自己觉得兴奋的事情结束一天，比如最后打个电话或社交会面，阅读一组自己喜欢的行业博客，或做其他任何能给你带来成就感的事情。

　　16：30——**为明天做准备**：为明天制订一个详细计划。这有助于你仔细思考最有价值的活动细节，并确保自己第二天早上能快速进入状态。

职场新人

如果你刚从学校毕业,这是第一份工作,那么确保有个清晰的时间安排表尤为重要。应该在活动中加入些具体的社交活动,比如与年长的成功人士会面,邀请他们担任导师。你还应该多花点时间研究,尤其是在对工作环境还了解不多时。另外,考虑每周花一天时间去实习或当志愿者以获得更多技能,或测试自己是否喜欢某样东西,或展示自身价值并建立关系网。一生中最容易做好这些事的时候就是当下,所以如果能做好的话,就是对未来的巨大投资。

重新进入就业市场的家长

对正在重新进入就业市场的家长来说,一个有条理的时间表会让你感觉更有控制力,更能支持你的进步。你还应该多花点时间研究就业市场现状。比如,工作环境在过去10年里变得不再固定,人们在世界各地都可以远程工作。此外,开放式工作空间也变得非常普遍。

每天留出时间来填补知识和经验的空白。如果你正转型到一个新行业,这一点尤为重要。通过阅读、自学、在线课程或短期课程(关于职业发展资源请参阅第十四章),可以很容易地填补知识缺口。工作经验上的空白则很难填补,所以可以考虑申请一份短期实习或志愿服务。那是快速获得经验的两种方法,能够让简历保持新鲜感,并向潜在雇主发出激励信号(关于获得经验或准备转行的更多建议,请参阅第十二章和第十三章)。

一边工作一边求职

如果有工作,你就必须有策略地利用时间,以确保好钢用在刀刃上。你可以选择一些步骤,但显然无法使用这里列出的所有步骤。在这种情况下,应该选择或创建最适合自己的步骤并始终如一地执行。

● **清晨:** 利用这段时间回复电子邮件和跟进联系人。

●**早餐或咖啡会议**：如果能在上班前挤出点时间喝咖啡或吃早餐，每个人都会愿意趁此机会与你见面。

●**午餐**：和某人共进午餐是对时间的极大利用。

●**每天进行两项15分钟活动**：提前计划好一天内可以进行的各种15分钟活动，包括创建意向公司列表或谨慎研究感兴趣的公司或行业。

●**下班后**：每周挑一到两个晚上在网上求职。你可以利用晚上的时间参加晚宴、饮料社交或行业活动。如果想转行到一个新行业，不妨利用这段时间参加一个"短期"教育项目。如果一般社交活动很有针对性或能与已经认识的人会面，不妨去参加。多数人觉得这种社交活动很难把握，而且容易让人泄气，你需要振作起来。

需避免的陷阱

避免掉进以下常见求职陷阱：

●**不知该做什么**：一般而言，不知道该做什么往往会产生拖延，那就是对时间的极大浪费。有一个详细的计划和具体的行动步骤是关键所在。

●**不想做事**：问题是谁想做事呢？在这种情况下不妨自言自语激励自己。提醒自己不必做完一件事情，但一定要开始做一件事情。在放弃一项艰巨任务前，至少要努力20分钟。早上精力最充沛的时候去做最困难的事情。牢记大局：虽然写求职信确实乏味，虽然不善社交的自己与人会面喝咖啡很有压力，但如果坚持下去，你将有一个令人满意而有趣的职业（要养活自己，最好坚持下去）。

●**浪费时间：** 不要把所有时间花在看电影或电视上。这里也同样要做好计划。用这样的方式奖励自己：如果周一周二完成了工作，周三放假半天犒劳自己。工作之余可以和朋友一起吃午饭、看电影或开展其他一些喜欢的活动。

追踪进展

追踪进展可能会很困难，因为求职过程不是线性的。你不能控制结果，但绝对可以控制自己的行为——为实现目标所做的事情。记录这些事情并坚持每天和每周执行自己的进程，那会帮你保持正轨，引导你达到目标，让你感觉更好。

每周都应该安排一系列活动来帮自己实现目标。具体目标可根据求职所处阶段而有所改变。例如：

●**如果还在思考自己想要什么，** 计划每周花五到八个小时进行反思练习或阅读帮助自我认知的书籍。

●**如果正在缩小选择范围，** 计划每周花两到三个小时研究不同行业。

●**如果在建立关系网和参加信息面试，** 记录遇到的联系人和获得的推荐来扩大关系网。每周选择几位让自己感觉舒服的联系人。先试着与其中五到十位会面，每周新认识三到五位推荐人。

跟踪在线工作申请，记录其中哪些带来了电话或面试机会，回应率达到多少。许多人的回应率只是个位数。如果只申请适合自己的职位（并且遵循了第八章的建议），应该会有不低的回应率（20%或更高）。

增强韧性

求职可能是曲折而漫长的跋涉,有很多弯路却没有捷径。

或许就在你认为自己有进步时,会遇到个大挫折。你需要找到方法来保持动力,即便在困难时,也坚持下去。建立韧性需要付出一些努力,但那是值得的。有这么几种方法可以建立韧性:

第一个方法是调整心态。有些人在求职过程中会因为意外的出现而感到心烦意乱,那就干脆做好最坏准备。这并不等于悲观,而是脚踏实地的表现。总会有这样的时候:有人不给你回复,社交会面不顺利,简历看起来很糟,不知道下一步该做什么;或是遭到拒绝,得不到面试机会,比预计时间更遥遥无期。你要提前认识到有挫折很正常,坦然接受即可。要制订战略和计划来记住这点并在挫折中安慰自己。可以在工作日志上写下自己最重要的想法,起到提醒作用。

第二个重要办法是身边能有个支持小组,即由其他求职者组成的正式或非正式群体,再加上朋友和家人。人在得到支持时会更有韧性。

第三,重新定义挫折。当你对某事感到失望时,不要沮丧(这很正常),问问自己:"我能从中学到什么?"也可以提出这个问题来尝试挑战自己:"为什么这实际上对我来说是最好的事情?"

第四,积累小胜。相对写求职信,你是否更擅长研究?那就在写求职信前先做些研究,为成功做好准备。然后在花时间写了求职信后,再做些研究来奖励自己。你是个喜欢社交的人吗?每天安排一到三次社交会面。把时间都花在自己真正喜欢的有价值活动上——有很多活动可供选择。把重点放在更喜欢的活动上,战略性地做这些事情来帮助自己拥有成功的感觉,从中获得的动力将帮你继续前进。

当然,有些事情不管喜欢与否,你都必须去做。有些人不喜欢与他人接触和建立关系网;另一些人喜欢与人打交道,但觉得研究很乏味;有些人发现早晨先完成不喜欢的事情比较好。给不想做的任务加上"时间限制"——在规定时间内完成它们——也是不错的策略。这有助于让你认识到只需要在有限时间内完成任务，就可以奖励自己了。

在情绪低落的时候——尤其是在情绪低落的时候——有一个强有力的计划能引导你采取具体的行动和步骤继续前行。行动会带来进步，而进步会让你感觉更好。

长期职业规划

现在，想象自己已经成功了。你找到了一份好工作，第一天上班，一切都很好。你有知识和信息，有战略意识，有一个非常活跃的社交圈子。一定要记住保持和滋养这个花几个月时间才建立起来的资产，以确保长远的职业成功。

事业是个长期过程。每隔六个月左右回顾和总结一下自己所思考的问题会有所帮助：

● 我的思路对吗？为什么？

● 我职业生涯的下一步（或两步）是什么？我需要具备哪些技能和经验才能达到目标？需要谁来支持我？

● 我的社交情况如何？有没有很久没联系的人？与他们重新建立联系的最佳方式是什么？

● 行业里有哪些趋势会影响我的角色？

● 未来有哪些劳动力趋势？我需要了解哪些并提前做好应对计划？

总结

经常自我反省和洞察行业动态，会帮你很快发现自己是否需要调整方向，保持这种观点会帮你在当前工作场所留意和寻找过去曾经错过的新机会。

职业生涯是个终生过程。本章和本书其余部分的工具会帮你在当前做出正确的选择，在未来开启巨大的机会。

第二部分　开始行动

第一部分的重点在于确定你想要什么样的工作和工作环境。现在该把梦想转为现实了。第二部分的重点放在雇主想要什么以及怎样凭借技能和才干满足他们的需求。我们将介绍如何创建简历和个人品牌，如何有效社交和面试，并给出网上求职、职前评估和薪资协商等方面的建议。你可以使用偏好网格和职业规划来指导行动过程中的每个步骤。

第五章

打磨一份高效的简历

/米歇尔·里克兰

当今充满挑战的就业市场要求一流的营销工具。你知道简历是自我营销最重要的组成部分吗？多数人只是把它当作用来说明做过什么和要做什么的一个文档，这是个错误。在本章中，你将学习制作一份有效的简历，首先让我们搞清楚简历的定义和用途。

简历是什么

简历是一种个人营销工具，目的在于将个人价值传达给潜在雇主，让后者打电话通知前者面试。制作精良的简历必然既有说服力又有策略性，能够吸引招聘经理、猎头公司、人力资源专业人士或其他决策者采取下一步行动要求对话。它向雇主传达这样一种观点：某人可能非常适合某个组织、公司或某个特定职位。能不能得到面试机会，简历可能会起到决定性作用——它是进入大门的渠道。不过，要是我们把简历称为一种营销工具，这究竟意味着什么呢？

作为"产品"的求职者

作为求职者，你就是个需要品牌推广、推销和销售的产品。而要做好这几点，你需要创建自己的营销工具，其中简历至关重要。

我们经常在就业市场上听人说，求职者需要清楚地向潜在雇主传达个人品牌。在准备开始创建简历时，往往会出现恐慌情绪："我的个人品牌是什么？""简历上的自我品牌是什么意思？"其实个人品牌并不需要非常复杂，它是你对消费者即潜在雇主的承诺。个人品牌应该让潜在雇主明白你能为他做什么，也能让你在竞争中脱颖而出。个人品牌糅合了你是谁、你想成为谁和别人如何看待你这三个方面。

考虑到这一点，在设计一份有说服力的有效简历时，可以先给个人贴上"标签"。之所以使用这个术语，是为了让人们保持"产品和消费者"心态。毕竟，如果我们在超市买汤料，当然需要看包装才知道是鸡肉面条汤还是意大利蔬菜汤。这两种汤可能都是金宝牌的，事实上截然不同，所以金宝汤品牌必须迅速告诉消费者两者的异同。

想象一下：站在超市的汤料货架旁边，你决定买金宝鸡肉面条汤料。货架上成排的金宝汤罐头标签上都只是简单写着"汤料"，而没有清楚列出产品名称，也没有产品图片。或许配料用很小的字体标明，可以据此猜到罐头里到底是什么汤料，但这对消费者来说是多么浪费时间啊！这足以让你说："我还是去看看别的牌子吧。"如果潜在雇主拿起一份简历不能马上看出这个人是谁、如何融入公司以及能提供什么，他们就会产生类似的感觉。他们不会去挖掘信息，而会去看下一份简历。

为了避免读者因为无法快速识别而忽略你，可以在简历开头加上标题和副标题。例如：

标题： 总经理/首席运营官

副标题： 私人乡村俱乐部和豪华度假酒店

注意标题是如何定义求职者的，就跟金宝定义汤料品牌所用的措辞一样。子标题变得更具体，相当于鸡肉面汤料或蔬菜汤料，告诉读者你是个什么样的总经理或首席运营官。这样，正在为一家制造工厂寻找高管的雇主就会直接跳过你，不至于浪费时间。再来看另一个例子：

> **标题**：销售副总裁
> **副标题**：数字与传统媒体广告/组织建设

这位求职者很快告诉读者，自己是谁以及如何融入组织。读者会非常欣赏这种策略，因为这样他们可以继续阅读以找出这个人可能带来的价值。

价值主张声明与目标声明

在创建有说服力的标题和副标题之后，你需要写个引人入胜的资历概要（也称价值主张声明）。

我经常遇到这个问题："简历是不是必须真实客观？"在这个问题上职业专家意见不一，我不打算纠结于这种以求职者为中心的表述方式，我们可以只谈论求职者的愿望或职业目标。典型的陈述方式如下：

> 寻求一个有挑战性的财务主管职位，以充分发挥我的管理技能。
>
> 在零售行业寻找一份发展良好、回报丰厚的职业。

你能从以上两个陈述中注意到什么呢？都是些"我想要这、我想要那"的说法，没有什么能引起雇主的兴趣。

虽然你需要职业目标来指导求职过程，但招聘人员或招聘经理对你想要的生活并不特别感兴趣。他们想提出的问题是："你是谁？你能为我做些什么？"职业目标不会让你在竞争中脱颖而出，因为任何人都想要一份有挑战、有回报、有晋升机会的职业。这是对简历空间的极大浪费！

所以说，你需要创建一个引人注目的资历概要来显示自身的独特价值。这就是你的价值取向。用它来迅速吸引招聘人员的注意力，再留点悬念，让他们有兴趣继续阅读。记住，招聘人员很可能会从简历顶部开始阅读，所以页面的前三分之一是至关重要的。要让读者感到轻松：写一个令人印象深刻的段落，让对方兴奋起来想了解更多。来看看以下三段开头：

> 拥有30多年经验的全球级管理人员，寻求一个能在业务转型、愿景执行、团队建设和领导力执行等方面运用技能的职位。
>
> 有远见的全球级高管，勤奋的领导者，能够建立强大团队并增加营收。有优秀的沟通、表达、技术和业务技能。
>
> "达人级"全球高管，善于使停滞和衰退的业务部门起死回生，无缝衔接技术与业务问题，通过双赢局面提升客户满意度，能化亏损为盈利。通过业务转型、愿景执行、团队建设和领导力执行，达到快速和长期的投资回报率。

显然，第一种写法是客观陈述。它是否让你想更多了解求职者在寻找什么，并愿意继续阅读下去呢？如果不是，那就说明效果不佳。

第二种写法正朝着正确方向前进，但仍未达到目标。这种语言既软弱又平庸。你会据此对求职者产生好奇吗？

第三种写法就是价值主张声明。你能清楚地知道这个人能提供什么以及存在感如何。求职者还提供了更多自我相关信息，显得与众不同。

核心能力、专业领域和专业技能

如今，简历一般默认包含核心能力、专业领域和专业技能等内容。这些内容有助于通过求职者跟踪系统的筛选。不过，这对雇主有任何帮助吗？是的！要时刻牢记雇主，因为他才是你面对的守门员。在很多简历需要筛选的情况下，对方一定想用快速简单的方式来浏览简历，看看你是否具备所需技能。而核心能力、专业领域或专业技能这三者提供了可供筛选的条件。

想象一位招聘经理的办公桌上放着一堆简历。她从一堆简历中抽出你的简历并左手拿着，右手拿着工作说明书。如果简历包含专业技能部分（或这里列出的其他标题），她就可以快速浏览两份文件，看看你是否基本符合要求。如果你把关键词放在简历开头，她就不需要去挖掘这些信息了。在这种情况下，她会十分高兴自己节约了时间。在简历中创建这个部分时，你需要想想："当雇主在寻找像我这样的人时，会搜索哪些关键词？"确保简历内容中包含这些关键词，但要加入相关经验和成就起到支撑作用。

比如，一位雇主正在为某个职位寻找具备以下技能的人：活动策划、餐饮运营、客户满意度、菜单创建、食品安全、员工规划、招聘、大型团队培训、餐饮、指导、售后服务和供应商关系。那么求职者简历中的专业领域或核心竞争力部分可能是这样的：

表5-1　简历中的专业领域或核心竞争力实例

专业领域
宴会、招聘、销售、培训
培训、大型活动、日程安排、供应商

除此之外，如何找到合适的关键字呢？找到最佳关键词的一种方法是：看看自己感兴趣的职位描述和职位信息中使用了哪些词。《职业前景手册》（www.bls.gov/ooh）也是个很好的资源。你可以在第八章找到更多关键词相关内容。

职业经验

招聘经理不会想看密集的文字，也不会想看冗长的项目列表。通常，简历就是一个人所做过事情的清单，而不是他在整个职业生涯中所取得成就的动人故事。记住要保持"产品—消费者"心态。让我们来比较两个虚构广告。阅读时想想哪个广告更吸引人，哪个广告更能迎合消费者需求。

"汽车"广告之一

来托尼的汽车仓库看看这辆很好的汽车，只要15699美元，技术参数如下：

- 30马力，每分钟6300转
- 汽油直喷（GDI）
- 四扇门
- 投影光束突出显示
- 灰色皮革内饰
- 四轮驱动
- 外加热后视镜

"汽车"广告之二

托尼的车行想向你介绍我们的新款豪华轿车。这不是普通的轿车，这是辆真正的跑车。它不只具有不可思议的速度（6秒内0-60km/h）、防抱死制动器或现代设计。这款轿车的设计一定合你心意！在舒适和安全的基础上，我们还能让它保持时尚。

这款车能容纳多达五名乘客，不仅能提供宽敞和平稳的乘坐体验，还能在寒冷的冬天里提供柔软的皮革内饰，座椅取暖器让你如沐春风。无须担心道路状况，最优的重量分配确保了优良的处理特性。难怪这辆车连续五年获得safercar.gov网站的五星安全评级。

创建自己的职业经验内容时，请记住CAR格式：

- Challenge（挑战）：你被要求做什么？
- Action（行动）：你做了什么？是怎么做的？
- Results（结果）：有哪些积极的最终结果？对全球企业产生了什么影响？

然后，添加数字、百分比以及任何量化内容来支撑结果。比如，下面这个是有用的陈述吗？

> 为XYZ业务单元（年营收两亿美元以上）增加项目管理和营收责任。

从中我们无法看出这个人是怎么做到的、他是否成功了或者结果如何。换句话说，我们需要知道可量化的成就。

再来看另一个例子：

> 为业务部门抓住三个业务机会，增加了净利润。

我们仍然不知道这个人是怎么做到的。他声称增加了净利润，但我们不知道增加了多少。是1美元吗？1000美元？1万美元？这是一项成就吗？即使他说"增加了20%的净利润"，我们仍然不知道这是否真能算个成就。如果计划目标是增加35%的净利润呢？那么这就是个不太成功的成就。

使用CAR格式去准备一个关于挑战、行动和结果的故事。先去搜集故事的所有片段，然后以有趣而简洁的方式写下来。这将是一张王牌。

记住，我们需要让读者容易理解。人们常常把工作描述与成就混为一谈。实际上，在列出成就之前，可以用段落形式简要概述职位情况。如果你的职业经验部分内容由段落和要点组成，读者就会觉得很容易理解，这种格式使简历便于浏览。下面就是个用项目符号和段落来描述职业经验的实例。

> 副总裁——信息技术
>
> 晋升为副总裁，由首席信息主管亲自选择新职位。扭转了IT支持运营局面，建立了快速响应客户需求的组织。监督全球IT支持；制订和执行战略计划以协调业务和支持功能，提高企业绩效，改善客户关系，降低运营成本。识别并将新技术集成到日常运营中，同时持续评估内部开发与外包投资回报率。管理800万美元预算。
>
> ●通过改进支持政策和文化，将IT支持提升为客户服务调查的第一部门；提高了85%的客户响应能力，同时简化全球业务并提高了财务透明度。
>
> ●通过设立会议服务部提升员工整体表现；改进了95%的支持响应时间，同时提高了服务质量。

注意工作描述和业绩之间的区别。背景信息也应包括在内，以便读者了解职业生涯是如何发展的。

对每个要点使用"行为动词"，确保用主动语态而不是被动语态,这一点也很重要。用现在时态列出当前工作成就;对于以往的工作经验,用过去时态表述。表5-2列出了可以放在每个简历要点句首的行为动词。

表5-2　简历要点行为动词

完成	翻倍	维护	研究	追踪
达成	赢得	管理	解决	跟踪
批准	编辑	缩小	修改	交易
仲裁	消除	谈判	安排	训练
提振	建立	操作	服务	转移
建成	扩大	组织	设置	改变
进行	成立	原创	简化	翻译
合并	生成	执行	出售	修剪
构建	领导	计划	解决	增两倍
控制	改进	预防	引发	发现
转换	拼凑	加工	开始	统一
创建	增加	生产	增产	瓦解
减少	创新	提升	加强	利用
交付	安装	提出	强调	空出
证明	制定	提供	拉伸	验证
设计	介绍	购买	结构化	收回
发达	发明	推荐	成功	工作
导演	推出	重新设计	取代	
	领导	减少	监督	
		重组	终止	

你也可以加入公司描述,尤其是在公司名气不大的情况下。这会让读者了解你工作过的环境类型——大公司还是小公司、上市公司或私营公司,以及国内公司还是国际公司。

例如:

伯特厄尼事务所，华盛顿特区

拥有1800名注册会计师、44个办事处的全球会计师事务所；纽约市最大的会计师事务所之一、巴西最大的美国公司之一。

其他部分

写完职业经验部分就可以开始包装简历了。如果你的工作经历可以追溯到15年前，不妨考虑加入之前的一份工作。或许早期职业生涯对你来说很重要，不能忽略。毕竟，它是你事业的基石。不过，那些职位细节可能已不再重要，至少没有近期经历那么重要，所以你不应该浪费这些空间。下面是这部分的一个实例：

表5-3　简历中早期职业经历实例

早期职业经历		
助理总经理	霍利汉餐厅，纽约市，纽约州	1996年到2000年
行政总厨	客栈，夏洛特，北卡罗来纳州	1994年到1996年
餐饮总监	里维埃拉乡村俱乐部，夏洛特，北卡罗来纳州	1992年到1994年

最后一部分是教育经历。如果其中包含职业培训、课程工作或证书，就命名为教育和职业发展。下面是一个实例：

表5-4　简历中教育及职业发展实例

教育及职业发展
约翰逊威尔士大学，夏洛特，北卡罗来纳州 食品和饮料管理专业，理学学士学位
领导学院，圣安东尼奥，得克萨斯州 无畏展示，团队建设
南招待协会，里士满，弗吉尼亚州 葡萄酒搭配，管理101，客户服务卓越

人们通常还在简历中加入协会、附属机构、演讲活动、专利、出版物和证书等内容。是否列入上述内容要看情况，可以考虑为这些内

容单独写一个名为"简历补充"的文档。可以在面试时或面试后按要求提供这个补充材料，有时候也不需要提供。记住，简历是获得面试机会的工具，雇主会感激你没有写本小说让他读。

简历长度

有人告诉你简历应该只用一页纸吗？错了！是的，简历需要清楚简洁。然而，如果你是个经验丰富的专业人士，却试图只用一页纸表述职业经历，读者很可能会挠头，他们会想知道你在过去的某某年里都做些什么。所以说，除非你是应届毕业生，否则一页纸是肯定不够的。

在90%的情况下，我的简历有两页，有时我写三页纸，这在少数必要情况下是可以接受的。除非简历用于申请学术职位，一般情况下三页纸并无必要。当一份简历拖到四页纸时，读者不仅会感到厌烦，而且还会怀疑你能否清晰简洁地与人交流。

格式和设计

简历的格式和设计有多重要？非常重要！它们就相当于产品包装设计。你应该准备两种类型的简历：一种是格式漂亮的简历，发电子邮件或打印版本时使用；另一种是纯文本简历，在网上申请职位时使用。本章主要讨论第一种类型，第八章则将讨论第二种类型。

对一个产品来说，好包装可以提升专业形象，对公司品牌产生有利影响。包装可能是消费者打算购买的决定性因素，至少也可能让消费者从货架上拿下来。例如，妈妈带着孩子去商店买新的麦片粥。孩子指着一排排谷物制品叫道："我要那个！"很可能他指的是一个印着有趣卡通人物的彩色盒子，这个外观设计刺激了他的感官，促使妈妈把产品从货架上拿下来。当然，妈妈可能会检查成分，如果含有过多糖分和防腐剂，就会放回到架子上。关键是它从货架上被拿下来，到了消费者手中。消费者在看到一个吸引感官的包装设计时，更有可能评论和购买一个产品。

作家、画家和艺术评论家约翰·伯杰在其影响深远的著作《看的方式》(1972)中写到，人们根据画面思考，"视觉先于语言"。你可能马上就会想到这对于撰写简历来说是不利的，因为它基本由文字构成。

领会到这一点对你来说是有利的。要激励潜在雇主"把你的简历从货架上拿下来"，简历的包装或设计至关重要，另外还要注意其内容要有"营养"。

销售任何产品的关键是通过展示唤起消费者的感官反应。下面是帮你做到这点的一些建议：

● 选择易于阅读、大小适当的字体。如果读者需要拿出老花镜来看看你在说什么，那么相当于你是在提醒对方年纪大了，很容易让人不高兴；而且由于他需要找到并使用工具才能阅读，时间也被浪费了。实际上对方甚至可能干脆不读，毕竟，一大堆简历在那儿呢，随便挑一份易读的并不难。推荐使用Arial Narrow、Bookman、Calibri、Cambria、Garamond、Georgia、Tahoma和Verdana等字体。字体大小随具体字体不同而有所变化，但一般不小于10磅。[1]

● 不同部分内容用清楚的分隔符进行分隔。将信息进行分段，以便读者可以轻松浏览。

● 书写简洁。内容密集的简历不可能被"盯上"。招聘经理一般需要很快找到自己搜寻的信息。如果你的简历看起来像一篇内容充实却没有留白的报纸文章，那就需要修改。

● 注意细节。拼写错误、语法错误、时态不一致、语态

---

[1] 编者注：不同语种对字号的要求不同，不可生搬硬套。

不一致、标点符号不一致、空格不一致等问题相当于在提醒读者，你不注重细节。简历就代表了你本人；如果想让读者知道你是个注重细节的人，需要在简历中有所证明。

●添加修饰。在简历中添加图形、表格、图像、方框、边框或一些颜色，可以起到对内容的支持作用，也可将读者的注意力吸引到重要信息方面。设计简历时，要注意自己申请的行业和职位。有些行业可能比较保守，而另一些行业则比较自由创新。

那么，该用什么样的简历风格呢？这取决于你是否有需要面对的职业挑战。最常用的三种样式是逆时型、功能型和目标型或混合型。

逆时型

传统简历按时间倒叙，重点放在工作经验部分，详细描述每份工作。这种风格的简历通常适用于只从事一项职业的人。

优点：对传统读者较有吸引力，如果求职者想要突出一些知名雇主，这种简历可能非常有效。

缺点：无法突出核心技能，读者对求职者的看法会比较平淡。

功能型

功能型简历可突出主要技能和成就。重要技能和资格证书出现在功能性标题下方，读者无须浏览几个条目就能看明白你做了什么。

优点：这种简历格式对正在换工作、存在就业空白、正在重返工作岗位、刚进入职场的学生或毕业生来说会很有用。它不强调甚至忽略雇用历史和日期等。

缺点：这种格式可能会让雇主警觉，因为他们可能想知道你在努力隐藏什么。猎头公司不喜欢这种格式。

目标型或混合型

混合型简历兼具两方面优点，在强有力的介绍后，它会按时间倒叙顺序呈现工作经历并突出技能和关键吸引点。

简历的挑战

你可以用很多办法来应对简历中的挑战，这里提供了一些参考。

就业空白

你的技能和经验可能很有市场，但工作经历中的就业空白该如何呈现？是的，读者很可能会质疑你的就业空白，但这并不意味着你会被视为无法就业或糟糕的候选人。

短期就业空白只要不经常出现，就不会令人担忧，一年以下的就业空白也没问题，持续一年以上的失业则需要想个办法。通过掩饰和解释简历中的就业空白，你是在采取先发制人的措施，让形势重新对自己有利。

只要准备好回答这个显而易见的问题：面试官总想知道你不工作的原因，所以一定要准备好诚实、有效的答案。

把空白藏在显眼的地方

你被解雇了吗？如果是，那就说出来。你是否因为裁员或公司重组而被解雇？在求职信中解释这一点，或在简历中的公司描述部分给出简短解释。说明自己被解雇的原因，例如公司业绩不佳、工作岗位撤销、外包或前雇主提供的其他理由。

伪装空白

可以在简历中只显示工作年限来掩盖就业空白。工作经历中是否包含月份并不重要，如果大部分工作都持续多年，那就更是如此。比较下面两种呈现方式，是否第二种看起来更好点？

人力资源总监，2009年7月至2016年3月，XYZ公司

人力资源总监，2009—2016，XYZ公司

在工作经历中加入"非工作"内容

如果你上过一门课、读过工商管理硕士、当过咨询师、在创业公司工作过或当过志愿者，那么就把这些内容写进工作经历。这是一种解释时间的真实方式，尽量不要在简历上留下明显的空白。

将无薪工作转化为有利可图的工作技能

如果你是重返工作岗位的家长，那么像准备饭菜、开车接送孩子、组织拼车、预算规划和确保完成家庭作业等都可以算后天习得的技能，不应该被忽略。你可以重组这些技能，使之与目标雇主的要求相匹配。例如：

- 安排游玩日期或组织拼车=组织或协调活动。
- 预算规划和支付账单=记账。
- 帮助孩子做家庭作业=指导或监督他人。
- 卖筹款或抽奖活动的门票=销售和客户服务技能。

强调持续学习

许多失业者通过阅读专业杂志和加入领英群组来了解所在行业的最新动态。可以在简历中创建"职业组织和执照"部分，列出自己拥有的职业会员资格、参加过的研讨会以及其他有效的执照或证书，在"教育"部分列出最近参加的技能提升培训项目。这些成就会让未来雇主明白你不是一头来自远古时代的恐龙。

老年歧视

如果担心自己的年龄对求职不利，这里有些简单快捷的建议：

● 删除毕业日期。除非你是应届毕业生，否则读者不需要知道你是1979年毕业的。由于对方无法直接找到你的年龄，所以必须仔细查看整个简历才能大致猜到。

● 在联系方式中列出个性化的领英网址（并确保领英个人资料是精心准备的，见第六章）。因为读者总会去领英查看你的个人资料，提供网址可以帮助节约点时间。这也说明你生活在21世纪，了解社交媒体的价值和应用。

● 掌握最新技能和拥有最新证书，并在简历中列出。

● 缩减或删除曾经的职位。使用"更早的职业生涯"标题进行缩减，并删除很久以前完全不相关的职位。

● 不要老派。简历上的小细节就能显示出你的年龄。左边距很宽，陈述很客观，加上"参考资料可按需提供"这样的表达法几乎相当于告诉对方你是个"过时的人"。

应对职业转变

换工作、推销自己去做些全新的事情并非不可能，诀窍在于感知。潜在雇主如何看待你是最重要的，而你需要做的就是积极影响这种看法。

调查目标雇主，这样你才能真正了解他们在寻找什么。检查关键词，确保简历中包含并突出了任何与未来雇主需求相匹配的技能。把重点放在所有的成功故事上，并用读者能够理解的语言表述出来。

撰写简历时考虑使用功能性格式，在第一页的前三分之一就提到自己的可转换技能，以确保吸引读者的注意力。

总结

简历是一种个人营销工具。它的目的是将个人价值传达给潜在雇主，从而让后者打电话通知前者面试。一份有效简历包括很多组成部分，如价值取向陈述、关键词、技能、专业经验和教育程度等。在撰写简历时，选择合适的格式、设计和策略也很重要。需要考虑到什么样的简历最适合当前所申请的工作和所积累的经验。有关简历撰写的更多信息，请参见附录六中的示例简历和参考资料部分。

需要雇个专业简历写手吗?

创建简历这种引人注目的个人营销工具需要投入很多精力。许多人选择与专业简历写手合作，帮助自己展现最好的一面。专业简历写手会把自己的风格、培训经历和教育经历融入简历。如果你所在的领域专业性很强，那就可能需要一位在本行业经验丰富的人士来帮忙。请求看看他们为别人所写的简历，并请他们过去的客户提供些参考意见。如果你决定雇用一名写手，请确保所选之人资历深厚且声誉良好，这个人必须很适合你。

第六章

维护好个人品牌及网络形象

/玛丽·齐门诺夫

个人品牌源于1997年商业管理专家汤姆·彼得斯为《快公司》杂志撰写的一篇头版文章,题为"有个品牌叫作你自己"。这一术语现已站稳脚跟,成为人们谈论职业管理时经常使用的表达法。简而言之,个人品牌就是你希望如何被人认识以及被谁认识。跟公司创建产品品牌一样,创建个人品牌也要考虑内在优势,以及这些优势如何为潜在目标受众提供更多的价值。

比如,以手机服务提供商为例。它们都提供类似服务和产品,与公共会计师为不同组织做类似工作别无二致。然而,每家公司都在努力建立自己的品牌。威瑞森通信创立了一个品牌,旨在达到全国最高的手机覆盖率。你记得那个系列电视广告吗?代言人在全国各地提出相同的问题:"你能听见我说话吗?"T-Mobile公司则专注于价值,以更低价格提供同等质量的服务和产品。它的目标市场是美国年轻人,所以广告主角是个骑着粉色摩托车的女孩,既代表公司服务速度,同时也吸引了同龄消费者。这两家公司都创立了品牌,宣传如何以不同方式为客户提供更多的价值,而不是宣传一家比另一家"更好"。

借鉴这个实例，一家公共会计公司需要坐下来思考两个问题：他们提供的服务与同行有什么不同？如何为目标受众提供更多的价值？当然，这是假定他们已经找到了目标受众，那是拥有有效品牌的关键因素。出于职业管理目的，目标受众可以是获得晋升的内部决策者、当前公司客户、目标行业或未来职位的目标公司。

如果已完成本书第一部分练习，你的个人清单或工作日志现在应该已有足够材料可用来发展个人品牌。要确定自身优势和与同龄人的不同之处，可以考虑头脑风暴一下——询问朋友和同事，是什么让你与众不同。找出他们喜欢你的原因，然后再回去进行过滤。例如，多年工作经验往往是人们经常想到的，但在今天的就业市场上缺乏区分度。但是，应对特定类型问题或客户的经验可能就有所不同。个人品牌还包括价值观、目标和兴趣，这些通常会影响你的工作和存在方式。简而言之，"个人品牌"包括你是谁、你给世界带来了什么、你与同龄人有什么不同，以及这些额外价值如何为工作和职业生涯做出贡献。

以软件开发经理弗兰克为例。尽管当今市场对软件开发人员需求很大，但人才库里的经理人选更多。没有特色的个人品牌无法让他从这个拥挤的市场中脱颖而出，因此这种个人品牌对他而言毫无益处。于是，弗兰克坐下来想弄清楚个人品牌。他知道，与别人不同的是，他拥有创建离岸开发团队的经历。这为目标受众增加了价值，弗兰克的目标受众是那些试图实现同样目标、削减开发成本的中型企业。正如第五章所讨论的，弗兰克希望创建一份简历来突出这段经历，并将自己塑造为能够建立海外团队，维护和改进公司系统，同时降低开发成本的经理。这个基础品牌将指导简历内容，并在确定使用的所有媒体上推广个人品牌。

弗兰克可以通过整合三方面信息来塑造个人品牌：相比他人的优

势和差异、目标受众以及自身优势对受众的价值。他的想法可通过表6-1概括。

表6-1 识别个人品牌差异

相比他人的优势和差异	目标受众	自身优势对受众的价值
●丰富的外包团队建设经验 ●在软件即服务和企业资源计划系统方面的技术专长 ●与亚洲团队成功合作，包括在印度成立三个团队 ●为组织节省资金同时提高软件质量的多个成功案例	●希望创建外包团队公司的首席信息官 ●经理和经理的上司，或有内推机会 ●可协助其职业发展的前合伙人、供应商和承包商	●节约资金 ●在多数海外工作困难时提高质量 ●能够快速进入角色或项目并取得成功 ●实现国际扩张

当弗兰克开始在简历、领英档案和日常工作中传播个人品牌时，他需要突出与这些优势相匹配的经验和成就。在与上司会面接受绩效评估时，他应该分享能够表现价值的故事。他还应该寻找能突出个人品牌元素的项目，帮助他在未来朝着自己想要的方向发展。

如何定义个人品牌

尽管品牌概念很简单——你是谁、你想被称为什么以及与受众如何联系起来——定义个人品牌是个终生过程。

第一步从简单部分开始——也就是你自己。如果已经做过第二章的练习，你应该已有很多材料可以使用。如果还没做过练习，请先回答以下问题：

- 你的天生优势是什么？
- 生活中的人（工作、家庭、志愿者）经常因为什么来找你？
- 回顾职业生涯的成功经历，你能用什么来概括？
- 你是否具备他人通常没有的独特经验或技能？

●你还想做些什么？你需要建立或展示哪些技能来推进职业生涯？

第二步是定义受众。请回答以下问题：

●你觉得哪些人（比如上司、客户、同事和未来招聘经理）发现自身优势有助于促进职业发展？
●对他们来说什么是重要的？
●他们在某个行业吗？这个行业的趋势和需求是什么？哪些趋势和需求与你的优势相关？
●他们的人群特征（性别、年龄、位置）如何？这些特征如何影响他们对你的看法以及你向他们传达个人品牌的方式？
●你有哪些机会与他们交流（当面、在线、在行业会议上）？

最后一步是把这些点连接起来。回答如下问题：

●你的受众看重什么（例如，省钱、赚钱还是客户服务）？
●哪些优势、资历、经验和成就证明你有能力实现价值？

建立个人品牌的基础工作是通过头脑风暴搜集你独特的属性和价值。使用表6-2来搜集优势和差异、目标受众以及自身优势对受众的价值。

表6-2 识别个人品牌差异

相比他人的优势和差异	目标受众	自身优势对受众的价值

如何宣传个人品牌

一旦确定了个人品牌内容——你与别人的主要差异以及它怎样与目标受众联系起来——下一步就是积极宣传个人品牌。简历是传播个人品牌的一种媒介，但它在求职中具有的特定用途可能与你的当前职业需求无关。宣传个人品牌远不只简历这一种方式。

口头形式

个人品牌体现在你所做的每一件事——穿什么、在办公室做什么以及如何与他人互动，既包括社交形式的对话，也包括你在工作中、行业中和社区中的日常对话。

在任何场合，你给人留下的第一印象以及人们对你的印象都很重要。如果你从事的是培训行业，那么遇到你的任何人都应该能看到迷人的沟通风格，而且在会面之后仍然印象深刻。如果你在会议或社交活动上说得太多，在行业活动中回避与他人接触，或从不在活动中通过非正式或正式演讲来展示自身风格，那么其他人不会以你希望的方式来看待你的个人品牌，甚至可能会产生不同看法。

从会议发言到行业大会发言，你有很多机会建立个人品牌。想想那些每天互动的人如何体验你的个人品牌。然后，根据自身优势和所做或想做的工作性质，寻找更多机会来建立个人品牌，比如公开演讲、战略社交，或在工作中让特定听众更容易见到你。

选择那些能让自己站到目标受众面前的机会，展示想要突出的技能，表现出自身价值。例如，软件经理弗兰克可能会寻找机会特地谈论他在外包团队组建方面的专长，而不仅仅是一般的软件开发管理。这可能是个人品牌最重要的方面，因为那些每天在工作或行业活动中频繁接触的人会对你的职业目标产生最大影响。

书面形式

过去几年间书面交流已发生巨大变化，我们经常忘记每天写的东西会影响他人对自己的看法。从电子邮件到白皮书或其他出版物，我们写的东西可以给人留下持久印象。

谈及个人品牌，多数人会先想到自己的简历。如今，简历可能不是别人读到的第一份你所写的东西，尤其是在你积极宣传个人品牌时。找工作时，需要考虑到招聘经理很有可能会在网络上搜索你的名字。他们会希望找到有关你的专业技能的书面实例，对某些特定类型的职业人士来说尤其如此。像白皮书、会议记录、博客、社交媒体简介、社交媒体更新和媒体文章等都是他们的搜索目标。

书面交流具有长期性特点，可以向目标受众提供工作方面的具体实例。如果你是一位优秀作家，那么请在目标受众认为可信并与自己寻求的未来职位保持一致的背景下分享专业知识。例如，对于软件开发经理弗兰克来说，撰写白皮书或在行业杂志上发表文章显然比创建博客更有影响力。而对一些营销人员来说，博客可能是完美的营销工具。

每个人——尤其是被认为只会用短信语言和表情符号进行书写的千禧一代——都可以从日常书写交流的敬业精神中受益。

视频形式

视频可能是传播个人品牌的最吓人的方式，但它也正迅速成为最有效的方式。与阅读相比，人们更喜欢看短视频（不到90秒），视频可以提供更多个人介绍。最好的视频是很有个性的，没有太多套路，也无须完美，但可以为观众提供更多的价值。你可以分享自己提高工作效率的过程、会议演讲剪辑或展示专业知识的幻灯片演示文稿（对演示文稿进行一定说明会使它更有吸引力）。

如果考虑使用视频简历，那就不要简单地把纸质简历内容读出来。视频方式跟个人品牌的其他传播方式一样，应着重于讲述故事并为观众提供更多的价值。不要喋喋不休地讲述自己的过去，而要专注于一个成功的故事，或者分享你在某一特定领域的专业知识。一段90秒视频不会包含太多信息，可以不分享那些自己不想分享的敏感信息，但最好不要用"公司不允许公开信息"这样的借口。

任何社交媒体都会放大你的其他沟通优势，所以花几分钟想想什么最适合自己。看看怎样的沟通方式是最适合你和目标受众的：

- 口头方式
  - 参加会议
  - 在大会上发表观点
  - 当面社交
- 书面方式
  - 白皮书
  - 文章
  - 博客
  - 内部沟通
- 视频方式
  - 幻灯片演示
  - 视频简历
  - 其他专业证明
- 其他方式

社交媒体方式

也许社交媒体是个人品牌最快的传播方式。建立与个人品牌相一致的社交媒体形象是这种方式的核心步骤。无论别人搜索打开你的领英、推特、脸书或是Instagram个人页面，他们对你的职业和个人观感应该一致，也不会看到不利于你个人品牌的信息。在不影响判断力和专业性的前提下，找到一个平衡点来分享自己的个性十分重要。但过多删减个人资料会让你看起来很无聊或者难接近，这和不当材料一样是有害的。

在社交媒体上传播个人品牌并不是说在这些网站上创建个人简介就完事了。你需要不断分享内容和聚集人气，主动建立个人品牌。社交媒体的每次更新都是个人品牌的一部分——你可以在领英上分享群组，在脸书或Instagram上发布照片或在推特转发推文。这些动作合成了关于你的故事——对你来说什么是重要的？你花时间做什么？你的人际关系互动情况如何？

社交媒体也提供了一个独特的机会，让你采用最适合自己的沟通风格在社交圈中持续广泛地分享个人品牌。如果你是一位作家，可以使用社交媒体分享白皮书、文章或博客；如果你发表了公众演讲，可以分享演讲视频或突出演讲能力和专业技能的短视频；如果写作和口语不是你的强项，也可以通过分享他人专业经验来建立人脉，比如用发表文章、转发文章和评论他人等方式。

如果使用得当且契合职业品牌，社交媒体工具可以大幅扩大影响范围。加入行业和兴趣小组并分享可以增加你在当前组织的曝光度，并逐步增加你所在行业或希望进入的行业的曝光度。软件开发经理弗兰克可能会加入领英中专注于开发的小组，甚至可能找到专注于外包开发的小组。他可以在这些群组中发帖、回答问题并分享信息，从而开始建立联系。

社交媒体为打造个人品牌提供了一个很好的机会，但它可能太过强势。在深入研究之前，根据自己的知识、兴趣、目标受众及其使用媒体，确定哪种渠道或媒体最适合自己。而要确定哪种社交媒体最有意义，就必须考虑每个社交媒体的用户数据及其主要目的。同时，搜索你所关注的公司、行业或个人来确定目标受众是否也在使用同一媒体。比如，要是目标公司没有在使用Instagram，而是在使用脸书，你就得考虑把更多精力放在后者。

领英

领英是多数招聘人员为公司预选人才的社交媒体。这里也是多数职业人士的在线社交场所。领英拥有4.33亿会员（占在线用户的25%），已经不仅是个求职平台。会员受教育程度高，主要分布在美国（1.11亿），而且聚集在城市地区。

公司一般都鼓励员工注册领英并填写完整个人资料，以积极参与行业活动。领英被认为是一个推广雇主品牌的强有力工具，能够帮助吸引最好的人才。这也为职业人士利用领英打造个人品牌打开了大门。领英是否最适合你呢？你需要注意：它是美国80%招聘人员的首选资源，超过3.3万家公司使用领英的人才解决方案，超过300万家公司在领英上创建了公司页面。搜索你感兴趣的公司名称，看看他们有多少雇员在领英上。你还可以搜索所在行业、目标行业或地理位置的领英小组。

脸书

50%的招聘人员使用脸书寻找有潜力的员工，因此它排名第二，这一点也许令人惊讶。脸书也是个强大的雇主品牌工具，各公司正在增加脸书上的营销支出以突出显示吸引顶尖人才的特定职位和公司新闻。尽管脸书的平均用户年龄不到30岁，但超过40%的用户年龄在35岁及以上。脸书用户也往往受过大学教育，尽管属于年轻人群，但他们的平均工资大约达到领英会员的一半。

与领英类似，一些公司也鼓励员工在脸书上分享公司新闻以获得免费的社交媒体营销，同时也可以通过员工的社交网络建立更真诚的联系。如果仔细观察，你可能会看到一些由公司赞助者发布的软文，用以称颂其产品和页面，有时还能看到自家公司的广告。许多公司还为难以招募的职位创建了脸书登录页面。

如果你有脸书主页，请记住，许多公司在招聘时会拉出主页看看。所以，即使没有积极使用脸书来建立个人品牌或求职，也要确保主页能真正代表自己。这并不意味着要删除所有的个人照片——拥有个性对个人品牌来说很重要，但要确保照片和发帖是个人品牌的准确反映，无论照片内容还是所使用的语言。

推特

推特是招聘人员的第三个选择，超过40%的人在招聘过程中使用推特。推特在18~29岁的人群中最受欢迎，在美国以外人均使用率最高。交互性对于在推特上构建和维护社交网络非常重要，而由于每分钟都会有大量信息发布在该网站上，时刻保持交互性并不容易。与脸书类似，雇主在推特上为招聘经理设置具有识别作用的名称，以此张贴招聘信息并与潜在求职者互动。

推特的门槛可能是最低的，因为任何人可以关注任意账号。你可以与雇主联系，而不必等待他们接受请求（如领英），你还可以与他们直接互动。如果你正在求职，可以考虑搜索职位名称和感兴趣的公司，看看推特上是否有活动。雇主经常使用标签（#engineer或#job）来突出显示招聘信息。

推特也是传播个人品牌和与专业社区互动的潜在媒介：跟随你所在领域的顶尖人物，与他们互动形成关系，以最适合自己的沟通方式（视频、文章等）来分享思想领导力。传统上，推特被认为特别适合市场营销和销售专业人士，以及那些希望成为思想领袖的人士。如果你志在于此，它会是个不错的选择。

Pinterest（拼趣）

越来越多的招聘人员使用Pinterest，因为用户在该网站上花费的时间比其他许多社交媒体都要多。一些公司正以类似于脸书的方式利用Pinterest，创建展示公司文化的职业公告栏或者突出特定工作机会的布告栏。

Pinterest是个很好的空间，既可供创意专业人士张贴作品，又可供厨师张贴食物照片。如果你有个可视化的工作组合，就有必要在个人网站之外考虑创建Pinterest板来展示自己的工作和灵感。就像脸书和推特那样，你会愿意加入与专业品牌相一致的页面，也会希望与那些在专业之外与你有共同兴趣的页面产生交集。

YouTube

招聘人员可能会直接在YouTube上搜索你的信息，而由于YouTube与谷歌的关系，这些信息很可能会出现在后者的搜索结果中。利用这种关系，在YouTube上分享视频展示自身专业技能。上传视频以后，你可以把它们链接到领英个人页面，并在其他社交媒体上分享链接；如果合适的话，还可以直接分享给招聘人员或招聘经理。

如何在领英上脱颖而出

迄今为止，领英是最常用的社交网络和招聘平台，当你在打造个人品牌时，它是个很好的起点。你可以先创建完整的个人页面，在里面加入一些人们经常使用的关键术语来提高自己的知名度。然后，用第一人称写关于自己的故事内容，让读者留在你的页面上。

下面是一些可以用来改善领英个人主页的建议（注：所有字符限制包括标点符号和空格）。

照片

一定要有照片。如果没有的话，读者想象中的你会是最糟糕的。想象一下，你去参加会面，却始终没有跟招聘人员或招聘经理面对面，整个过程对方都待在幕后，这会让你产生不快，对吧？领英上缺少照片的情况也会是一样的。

小贴士：

● 你的脸部应占据照片的80%（不要离镜头10英尺[1]远）。照片需与个人品牌保持一致，领英上的个人品牌应该比在其他媒体上更专业些。

● 不要使用与配偶或宠物的合影；如果与个人品牌不冲突，那么一张户外拍摄的漂亮照片会产生良好效果。

● 照片应能反映你的真实相貌，万一街头偶遇，我也能认得出你来。

姓名

简单点！添加学位信息（工商管理硕士、博士）会在招聘人员搜索时对你有利，当然你也要确保学位与个人品牌相符。不过，在姓名栏目中添加标题或关键词是违反领英用户规则的，务必小心。

小贴士：

● 把姓和名放在正确位置。如果要添加学位，请将其放在姓氏之后。

● 如果学位和头衔太有创意，人们很难通过名字找到你。

---

[1] 编者注：大约3米。

标题

这是你公开个人资料的第一部分,将相关标题(招聘人员搜索最多的术语)与突出显示特定品牌的内容结合起来。例如,我们的软件开发人员可以写"软件开发经理——建立增强功能和提升利润的外包团队",还可以添加其他更相关的关键术语或标题。

小贴士:

● 标题长度上限为120个字符。

● 保持积极向上,着眼未来。为职业目标使用相关术语和品牌,避免使用"寻找新职位"或"目前正在寻找"这样的表达。

● 招聘人员希望在自己招聘的职位和行业中有明星,所以告诉他们你是谁、做什么、跟其他人有什么不同。

简介

跟简历中的个人简介或资历部分一样,领英个人页面上的简介是你传播个人品牌的大好机会。如果读起来像段对话,听起来像个故事,那么说明你的个人简介写得很成功。

小贴士:

● 个人简介长度上限为2000个字符。

● 使用第一人称告诉读者你是谁、做什么、为什么做这些。这是整合个人品牌的好地方,想想目标受众以及你希望他们如何看待自己。

● 如果合适的话,可以添加自己的联系方式,邀请读者来联系你可以是非常简单的事情。

不过,注意千万别表现得极度渴望一份工作。

经历

与简介类似,每个经历条目都应该讲述一个关于你在工作中成功的故事,同时要与个人品牌保持一致。个人页面的这一部分与简历中最为类似,所以要避免复制和粘贴简历中的信息。

> 小贴士:
> ●每个经历条目长度上限为1500个字符。
> ●在这里讲述自己为什么加入一个组织,分享已经解决的问题,或者扩展一个简历中无法完整讲述的故事。
> ●根据职位变化或工作中的其他变化,将长期职位分割为多个经历条目。这样就为你的故事创造了更多发挥空间。
> ●使用职位名称字段不仅要包括正式的职位名称,还要包括其他适合该职位且有助于建立个人品牌的关键词和名称。此处长度上限为120个字符。
> ●如果可能的话,将每项经历链接到公司页面(公司标志将在输入完成后出现)。
> ●回溯足够遥远的工作经历,提及目标受众可能会觉得重要的公司,但是确保不要太过自我(一般来说,20~25年足够了)。

教育背景

跟经历部分一样,如果可能,就把教育背景链接到学校页面(如果做得正确,学校标识将显示出来)。

> 小贴士:
> ●教育背景长度上限为1000个字符。

●没必要写上毕业日期！如果不想让自己在纸上变老，你可以在领英上做同样的事情。

●描述项目、班级和其他活动，以便为个人简介准备更多关键词。这对刚毕业的学生或即将转行的人尤为适用。

技能

最多可选50项技能，选择那些你想让人知道以及招聘经理或招聘人员很看重的技能。

小贴士：

●去掉那些你不想让人知道的技能，即使它们得到了认可。

●让同行认可你想要突出的技能。虽然这些认可现在看起来用处不大，但在未来可能会影响搜索结果。

多媒体

可以选择在摘要和每个经历条目中添加多媒体，比如领英的幻灯片演示和视频等，也可以用PDF文档展示自己创建的工具或界面。

小贴士：

在个人页面中使用多媒体证明自身专业技能。即使你有外部个人网站或资料，在领英上提供现成内容会让别人更容易访问，而且个人页面也会显得更加丰富多彩。

推荐

定期询问同事、前同事、供应商和其他经常接触的人，让他们帮助提供内容充实的推荐。

小贴士：

●不要使用领英的群发功能请求每位联系人都来推荐你。你应该先通过电话或邮件与个人联系，最好是亲自联系，然后再通过领英向对方发送请求。

●为那些推荐你的人提供一些与个人品牌相符的要点。

网址

领英提供给你的默认网址在末尾有一串数字和字母（http://www.linkedin.com/in/first-last-1ba4b0a2）。

小贴士：

编辑个人页面链接，使用个性化网址以去掉那些字母和数字。这会使你的链接更友好，也会让你看起来更精通领英。领英提供了如何在其网站上定制公共网址的说明。

其他内容

领英可以随时添加其他内容，比如项目、出版、可能已经取得的证书或学会的语言。如果你想分享个人品牌的某些方面，那么机会就更多啦！领英像简历一样可以存放很多内容，但你要确保分享内容是吸引人的，而且与自己的个人品牌相关。

如何管理在线品牌

超过75%的雇主会在雇你之前上网搜索你的名字。如果你跟供应商有合作或者自己做生意，那么客户或合同代理机构中也会有类似比例的人做同样的事情。你知道他们会搜索到什么吗？

找到答案的最好方法是自己去搜索一下。在搜索时，确保搜索引擎设置为提供"全部"结果，而不是个性化结果。最简单的方法是在浏览器中使用隐身窗口。如果不这样做，搜索结果将会显示你最常访问的相关链接。另外，还可以设置一个谷歌快讯来跟踪关于自己的信息。

在使用特定搜索引擎时，出现在顶部的链接是搜索引擎喜欢的那些站点。就谷歌而言，这些站点包括领英、YouTube、推特和个人网站（如果你有的话）。谷歌还有个特殊功能，会突出显示与搜索词相关的图片，很可能是你本人的照片。

如果想衡量自己的社交能力，可以尝试Klout社交媒体影响力评估。Klout不但可以让你连接社交媒体账户，还会衡量用户的活动和互动情况。

如果在搜索结果中发现了一些不希望被列出的内容，第一步是联系该网站站长要求删除。如果没有成功，可以要求谷歌删除。请记住，谷歌并不热衷于这样做，除非该内容公然侵犯隐私（不只因为你不喜欢该照片或新闻故事）。

最好的策略是尽可能预先避免负面内容。留意你在社交媒体上发布的内容。请记住，虽然你可以控制隐私设置（脸书特别推荐的设置），但只要线上存在某些内容，任何安全设置都无法阻止别人发现它（如果他们真想这么做的话）。尤其要注意你在别人帖子上的评论，特别是领英上。假如你打算评论一家餐馆或其他生意，要有一些策略。

安全问题不应阻止你在网上分享个人品牌。事实上，通过社交媒体、博客、在线出版物和视频分享积极内容是增加能见度的最好方法，因此，尽量减少分享负面链接。

从结果开始：你想以什么出名？人们搜索你时会用什么名字？你希望他们把你（你的专业品牌）与什么关键词联系在一起？你想分享

什么兴趣来给个人品牌和职业身份增添一些个性色彩？

请记住，你可以通过创建精彩在线内容来树立个人品牌。可以从以下建议中选择两到三条作为开始：

● 买个虚拟网址，以自己的名字为域名。不要包含关键字。你可以建设一个简单的个人网站，也可以使用About.me或者Branded.me这样的平台来帮助快速建立一个品牌页面。

● 在领英上更新文章或博文（原创或转自行业通讯的文章），然后分享到自己加入的目标群体。

● 制作简短视频展示专业技能，把它上传至YouTube并添加到领英个人资料中。记住使用适当的关键词描述视频。

● 为行业出版物写篇文章。发布后获取网址，并将其链接到领英个人主页（将发布内容添加到个人主页）。

● 出席行业会议。找人帮你拍照，并告诉会议工作人员你希望照片能上传到网络，然后在领英上添加各种多媒体链接。

● 用领英平台写博文或文章，回答你所在行业的常见问题，或用其他方式展示你的专业技能。

● 自愿在公司的职业专题视频中担任主角。多数公司都想在网站上发布视频，讲述员工的工作——这是一种低风险的方式，可以制作一段视频并展示专业技能。

● 创建领英在线幻灯片来展示专业技能。不要忘记在幻灯片和演示描述中添加重要关键词。

● 定期在推特上发布文章、视频或演讲链接。争取做到20%推文为原创内容，其他是转发和分享内容以及其他兴趣（运动、旅行、新闻）内容，只要你觉得这些内容契合个人品牌就行。

● 在Pinterest上创建一个职业或个人兴趣板。如果是为工作而旅行,那就用旅行照片制作一个板。确保其中一些(20%为宜)照片主题是正在进行培训、在大会上与同事会面、在办公室工作或工作中的一些趣事。

树立在线个人品牌需要时间和精力,尤其当你在一个高度可信的来源(例如一篇新闻文章)看到关于自己的负面信息时。这里有一些方法让你更有效地创建和分享在线品牌:

● 重复使用材料内容。如果你为一个大会做了演讲,把它变成领英上的一篇简短博文和一个幻灯片演示。

● 把行业通讯用起来。浏览每日或每周的行业时事通讯电邮,点击有趣的文章,并使用嵌入式工具在社交渠道分享。

● 合理安排社交媒体时间。管理社交媒体档案可能会让你不堪重负,耗费大量时间。每天安排15分钟查看领英群组活动,在适当时候发表评论并祝贺同事(领英会通知你谁有新消息),这有助于培养人际关系。

● 适当自动化。设置好领英账户,在每次更新领英个人资料时自动发送推特;也可以设置推特将推文发送到脸书。这可以节省时间,但也有可能出现过多重复内容。平衡好自动化和亲身投入的时间比例,否则你会失去追随者。

● 使用社交媒体管理工具。如果你正在深入研究社交媒体,尤其是推特,可以考虑使用Hootsuite或TweetDeck这样的工具,通过创建列表、跨媒体定时发帖以及使用社交活动模块来跟踪特定主题。

总结

虽然社交媒体工具可能让你喘不过气，但它们在帮助主动建立专业品牌方面极为强大。考虑清楚你想因为什么出名、你的品牌如何以及怎样为目标受众提供更多价值，这是你所有活动的基础。

确定个人品牌后，选择一些有利于发挥长处的活动和宣传渠道。在进行任何设置之前，可以关注一下自己的谷歌搜索结果和Klout评估分数。然后从小做起，根据个人品牌和受众来制定战略；同时监控自身对谷歌搜索结果和Klout分数评估的影响。最重要的是，想想你每天接触的那些人是否可以更好地了解你是谁、你的立场是什么以及你的职业生涯要走向何方。这就是定义和传播个人品牌的力量。

第七章

打造有效的人际关系

/劳拉·拉博维奇

"交际（networking）"一词的定义是："发展在职业方面，特别是求职或晋升方面对自己有帮助的人际关系"（www.dictionary.com）以及"培养有利于就业或商业的生产性关系"（韦氏词典）。毫不奇怪，这些定义对于那些试图将社交作为求职实践的人来说很不自然，也最为有害。

但是，建立关系网是做生意的必要组成部分，如果处理得当，就不会存在任何操控性。有效的人际关系网与商业无关，它只是人类经验的一部分。我们都想成为更好的专业人士和更好的人，但光凭自己是做不到的。

《突出网络》一书的作者多里·克拉克写道，我们应把社交视为"结识想要交谈并学到专业知识之人的机会"。我们都可以从别人身上学到东西，学习而非进步，才是人际交往的终极目标。如果社交目标是从别人那里获取，或者专注于别人能为你做什么，那么哪怕最外向的人也不会喜欢上社交。

但是，把人当作达到目的的工具，这种"工具性"的观点是有害的。这种扭曲的看法阻碍了最优秀的人去参与社交，因为他们并不愿意这样对待别人。它鼓励最坏的人以令人讨厌的方式行事，因为他们认为那是理所当然的。

社交不是只在需要帮助或工作时才会去做的事情。好奇心对于社交的重要性就像水对于植物一样：它能让真正的人际关系轻松地开花结果。提问和认真倾听回答是开启社交对话和发展关系的最佳方式。先去了解对方的情况（带着真诚帮助的目标），而不是了解对方能对自己有什么好处，这才是关键。

社交也与欣赏和感激相关。你知道作为一个社交联系人，最快被遗忘的方式是什么吗？忘记感谢别人为你付出的时间，或者视为理所当然。另外，你能给别人的最好礼物就是真诚的欣赏和感激。

隐性就业市场

我们现在经常听到的"隐性就业市场"是什么？工作隐藏在哪里？怎样才能找到它们？就像上周六没被邀请参加派对，但你通过脸书上的照片知道发生了什么，而其他人正在收获这些机会的回报。在你看不到的地方似乎发生了很多事情。

一些隐性工作出现在招聘广告上，实际上并没真正开放，因为早已内定。如何才能绕过这种看似不公平的招聘和筛选战略呢？让我们先来看看为什么去应聘广告上的职位——参与一场被动求职并经历一种类似买彩票的体验——收效甚微。

得知自己想去的公司有空缺职位时通常已经太晚了。从理论上讲，公司发布空缺职位只是因为那似乎是个好主意，而且惯例是这样的，但是申请程序跟以前不一样了。寻求帮助的广告不再是贴在窗上的求救告示，不再是钉在布告栏上的传单，也不再是当地报纸上的广告。今天，你可以坐在电脑前，寻找和申请任何大洲的任何国家的任何城市或小镇的工作。这很好，对吗？为求职者提供了更多机会！招聘经理手头的候选人也更多！从理论上说，好像是的，事实并非如此。

正如求职者手边有一份无穷无尽的工作机会清单，招聘经理也通常会为每个空缺职位安排多达300名求职者。当他们收到这么多合格的求职申请时，人力资源部门的不确定性就一直悬在空中。对于招聘人员来说，最大的恐惧是雇用了错误的人，所以雇用认识的人可以避免这种恐惧。

招聘经理倾向于选择认识或曾经见过的人，因为这样更容易做出决定。这意味着在空缺职位公布前被招聘经理认识才是求职者的"法宝"。

设计理想的目标工作

在建立这些联系之前，关键的第一步是确定目标。如果已经完成了第四章的练习，你就应该确定一个直接的职业目标。如果没有，你必须搞清楚：

- **题目：** 想要什么样的工作？
- **地理位置：** 想在哪里工作？
- **公司规模或行业：** 想为什么样的公司工作？

你可能认为缩小搜索范围会让自己陷入困境，但过于宽泛才会弊大于利。不要把范围定得太窄，以至于完全没有机会（比如"我想成为健康政策发展和项目管理的助理理赔控制主任"），但目标具体一点能让别人更有效地帮助你。

在这个初步调查阶段，或者你正在探索一个职业或行业的变化，搞不清自己的目标是很正常的。这就是发现阶段的好处之一！要想对求职成功产生最大影响，那么在开始与人接触时就清楚地了解自己是谁和想要什么至关重要。如果能比较详细地回答"你在找什么工作"这个问题，你就可以开始在隐性就业市场建立人脉。这种指导能帮助你明确去哪里，但更重要的是，它能让别人帮助你。

发送简历给朋友、邻居和前同事以寻求帮助并非是最有效的社交方式，尽管很多人以为有用。把简历发给朋友"传阅"，往往会得到一些善意的努力，但这种努力并不能让你联系到决策人。这并非因为联系人不想帮你，而是因为他们不知道如何帮你。

个人营销计划

获得这些高质量线索的更好方法是：创建个人营销计划。这是你的"武器库"中存放的一份重要文件，包括目标职位、级别、感兴趣的地理区域、简历的职业概要以及第四章确定的目标公司列表。个人营销计划有助于社交关系更好地发挥作用，让联系人在单纯依赖简历的基础上更明确地帮助你。在开始社交之前，请完成一个个人营销计划示例，并让它更好地支持你的社交关系（请参阅附录七的示例）。

个人营销计划旨在找到可以帮忙建立联系并让你成为已知候选人的社交关系。你可以让联系人帮忙在目标公司混个脸熟，而不是让他们帮忙把简历发过去，这样就可以得到高质量的线索，比如电话号码、电邮地址和需要采取行动的信息。这有助于让你避开等待的游戏。

快速社交宣传

当处于大会或专业协会活动等社交机会密集期时，准备工作就是你的朋友。你会希望社交快速而难忘，就像快速约会，只不过更快一些。如果个人宣传复杂难懂、行话连篇、长度超过一分钟，你就可能失去听众，而且这些人也许永远也不再回来。你需要更灵活、更清晰和更合适的演讲——快速社交演讲——以轻松难忘的方式分享自己的性格和能力。

可以从一个成功的故事开始。坐下来，拿起一个舒适的枕头，然后打开空白的电脑屏幕（或者拿着笔记本电脑去以前的学校）。如果还没做过这一步（见第二章），就想想自己职业方面的成功，列出7到10个成就故事（做得很好而且很享受的事情）。这应该可以激起一些自豪感，因为它们能够证明你擅长自己所做的事情。

如果觉得这个练习很难，你并不是一个人。试着回忆一下，有没有什么时候，你们必须完成一项艰巨任务，而你必须想出一个创造性的方法来完成？也许自从首席培训师离开公司后，你们部门在实施多元化培训计划方面一直疏忽大意，把项目细节和课程弄得一团糟。你自愿（主动）参与进来修改课程，把项目推了出去。

列出清单以后，用一种易于理解、记忆和推荐的方式进行整理组织，使用你在第五章学到的CAR格式。例如：

● 挑战：为一家拥有2000多名员工的财富500强公司制作一本新的员工手册。

● 行动：修改现有手册并重新整理为员工课程特定的章节，制定并实施谨慎的法律审查政策，要求所有员工在收到并阅读后签字。

● 结果：条理清晰的产品带来了更充分的理解和更清晰的期望，纪律行动和诉讼减少了。

现在把它们放到一起。以下就是个有效的快速社交宣传公式：

作为一个[职位名称]，我和[目标一致的受众]一起工作[分享一个你解决的问题]。证据如下：（讲述一个难忘的、具体的、与客户相关的故事）。

以下是一些示例：

我与医疗保健研究和开发公司合作，寻找新的产品投放到家庭护理市场。比如，我帮助开发了一款运动服，适用于行动不便的老年人。衣服上带有便于弯曲和修整的尼龙搭扣。那款产品上市后为公司赚取了数百万美元，我为此感到非常激动。

我是一名人力资源顾问，喜欢从零开始组建人力资源部门。我和大公司合作制作简明易懂的员工手册。简化客户的公司手册并为员工召开信息会议后，他们的员工关系问题减少了25%，员工保留率大幅提高。

当面社交

如果你的宣传稿已经准备得比较好，那就经常使用并不断完善，使之表达更加自然。要积极参加大会并加入经常举行分会会议、年会、半年会以及大会的行业或社会团体。团体也是组织（如宗教团体、社会俱乐部、志愿团体、荣誉团体或行业团体），你可以通过个人、学术或职业渠道成为其中一员。

作为求职者与作为公司代表或行业负责人去参加大会是完全不同的——对求职者来说，参加大会的机会就像电影《查理与巧克力工厂》[1]中威利·旺卡的金奖券一般珍贵。要记住：把百分之百的注意力放在大会上，不要被儿子的学业问题、宠物狗的肆意破坏或其他大会之外的任何事情所干扰。

提前与组织者联系，看看他们是否需要志愿者。志愿活动是一种很好的体验，因为它让你从局内人的角度了解正在发生的事情和地点。此外，它还为你提供了机会与有经验的专业人士见面和交谈。与他人一起工作会让你自然而然地进入对话，而无须刻意！（这点对于内向者或那些一想到社交就浑身冒冷汗的人来说非常管用。）志愿活动还可以帮你省钱，打折票通常是为志愿者或委员会主席预留的。

职业协会

成为职业协会一员可以帮你更好地做自己喜欢的事情。没有什么可以替代职业协会：和许多来自所在行业的专业人士待在同个房间里将使你获得最佳实践，找到同行甚至导师。行业组织和专业协会是内部信息的宝贵来源，如果你能及时了解行业内发生的变化，那么你对雇主来说就更有用、更具吸引力。

参加本地的分会会议并阅读他们的文件，在时间允许的情况下以领导身份参与组织（比如加入委员会或志愿服务）。你还可以参加网络研讨会，阅读行业杂志、博文和文章，以改进想做的事情或学习如何做得更好。这将有助于提高你的专业声望，使你更有资格提供服务，并让你能够发现最佳的流程和策略。在决定是加入职业协会还是行业协会时，不要做选择，两者都要参加：一个适合那些与你做同样事情的人士参加，另一个适合那些需要你提供产品或服务的人士参加。如果你正处于两种职业的过渡阶段，会费缴纳有些问题，一定要

---

[1] 译者注：《查理与巧克力工厂》改编自1964年罗尔德·达尔的同名小说，由华纳兄弟影片公司出品，蒂姆·伯顿执导，约翰尼·德普、弗雷迪·海默等联袂出演。影片于2005年7月15日在美国上映。

问问是否有过渡期专门折扣。

行业协会

美国国家海洋制造商协会是个倡导、推广船舶和游艇等海洋制造产品的组织。如果你是个专注于豪华游艇的数字营销专业人士，无论出于热情还是便利，这个行业协会无疑是最佳选择。你或许是房间里为数不多的营销人员之一，这将使你处于一个令人羡慕的社交地位，并成为海洋制造商眼中的达人。在这里，你可以和需要你的人在一起。

发邮件或打电话给协会主席分享自己成为会员的兴奋之情，并提出三个最佳行动项目以便迅速参与其中。如果你了解途径，应该很容易就能找到协会，像"行业一周"（www.industryweek.com/associations）和"协会目录"（www.directoryofas-sociations.com）就是两个不错的途径。

在线社交

在第四章中，你列出了想为之工作的目标公司，现在是时候联系它们了。多数在线社交对话是从领英开始的。推特和脸书可能对你的搜索也很有价值，但领英在提供工作、人员、行业和公司的相关数据方面要优越得多。

联系谁

在领英上寻找公司联系人可能会让你觉得无从下手，但一切都可归结为一个问题：如果你在目标公司找到了目标工作，那么上司会是谁？

理想情况下，你应该找比自己高一两级的人。如果你是组织顾问，就应该找组织发展总监。如果你是人力资源总监，要找的就是人力资源副总裁或高级副总裁。如果你想成为一名营销经理，那是营销总监决定的事。然而，这并不是绝对的。如果在合适的公司、级别和职位上找不到合适的人来雇用或推荐自己,你仍可以与那些在目标公司担任其他角色的人士会面,并受益良多。

举个例子,你梦想成为探索频道的市场经理,如果邻居乔把你介绍给自己在探索频道工程部工作的表弟马克,那可算是帮了大忙。马上去跟马克会个面。对于探索频道的公司文化和须知事项,你还有很多要了解的地方,马克可以帮你了解在那里工作的感觉。这是极有价值的内部信息。

如何联系

要认识目标公司人士,可以先列一个自己的联系人名单,然后进行分类:大学朋友、保龄球友、周五晚上一起上美术课的人、读书俱乐部的人和教堂里的朋友等等。

不要关注谁在招人,看看你的目标公司列表。你认识在这些公司工作的人吗?你知道有谁可能认识目标公司的人吗?列个表格。你可以通过他们来得到建议和介绍。然后,用简短的电子邮件(或在见面时)向他们寻求帮助。

你:"你知道,我正找工作。你能不能帮忙看看我的个人营销计划,目标公司名单上有没有你认识的人在里面?"

保龄球友:"当然!没问题。很乐意帮你忙!我在X公司认识个人,要不要把你的简历给她?"

你:"谢谢!事实上,如果你能告诉我她的名字和联系方式,我希望有机会给她打个简短的电话或者当面谈谈,你知道,这样能更多了解公司和她的工作。可以吗?"

知道目标公司人士的名字后,就该开始会面了。正确利用隐性就业市场能让你在空缺职位出现前就联系到这些公司。这是神奇的时刻！

会面时寻求意见、见解、建议和推荐等，但别去要求一份工作。这种类型的会面通常被称为信息面试，因为它们旨在搜集关于公司、行业、联系人或新职业方向的信息。你可以提出行业方面的问题：当前趋势、竞争格局或行业挑战是什么？但别提工作。或者，你也可以问些一般情况：她是怎样一路走来的？一路上得到的最好建议是什么？她是如何紧跟行业潮流的？她经常参加什么会议？她读什么行业杂志？但别提工作。

这种会面的目的是培养融洽关系，建立关系和保持联系。如前所述，社交跟心态密切相关。如果目标是"得到一些东西"，你就会坐失良机。

俗话说："你认识什么样的人，你就是什么样的人！"这话只是部分正确。反过来，找到一份工作也可以反映出你认识谁以及谁知道、喜欢和信任你。当招聘人员需要招人时，他会希望自己认识、喜欢和信任的人多多推荐，你需要成为他们中的一员。这些会面将帮你在职位空缺出现之前就准备好进入公司。

关注人，不要关注空缺职位

用高级搜索功能在领英上搜索联系人很容易：输入公司名称、头衔和位置，瞧！你可以很容易看到自己认识谁和别人认识谁。你的二级联系人（联系人的联系人）从数据上而言是对你最有用的。此外，领英公司页面将使你能查看社交关系中哪些人目前或曾经为你的目标公司工作。

当需要通过电子邮件或电话联系时，你的目标是获得一次信息面试或与目标公司的某人会面。一旦你获得一些公司员工的联系方式，第一封电子邮件写起来就很方便了：

亲爱的史密斯博士：

　　萨曼莎·巴罗斯建议我找您聊聊。我和萨曼莎从小就认识了，她告诉我您在我的目标行业，即酒店业取得了很大的成功。作为制造业的一名前活动策划人，我现在想学着转行到酒店业去担任项目管理角色，萨曼莎认为您对我会大有帮助。您愿意和我简单谈谈公司经历以及自己看到的行业挑战或趋势吗？我周二上午10点给您打电话，看看能不能安排个时间见面。

你需要发送很多这样的电子邮件！你发送得越多，就越有可能在职位出现空缺时得到内部消息，而内部消息会让你非常适合这个职位。

　　在会面时，你可能会想应该讨论些什么。可以谈谈以下话题：

● 我介绍一下自己的个人情况，好吗？（如果你不太了解对方）
● 你是如何在公司找到这个职位的？
● 你为什么喜欢这个行业？
● 你愿意看看我的个人营销计划并给点反馈吗？
● 你能帮我跟贵公司目标部门的人取得联系吗？
● 我能为你做些什么？

如果这人在你的目标公司工作，而你打算和他保持联系，那么会面后应该马上发一封感谢信（电子邮件就可以）。随着你的候选资格的提升，要让他了解你的动态。

使者：至关重要的求职联系人

在初次会面时，你的目标是与使者建立关系。使者是你目标行业中成功的专业人士，他们有能力雇用你，也有能力影响他人雇用你。如果他们说"你加入进来会很棒！"，那就意味着你把他们从熟人变成了使者。

使者可能改变你的求职策略，因为他们可以把你介绍给自己公司的人，或者让你与其他目标公司或行业的决策者见面。在这些会面进行的同时，你必须时不时想想自己跟使者有多久没见面了。他们可以在整个过程中起到帮助作用，所以务必确保在求职过程中与他们保持联系。

记住与重要联系人保持联系并不总是件容易的事，尤其是在数字时代，但领英的"提到"功能可以有所帮助。在领英中，只要在身份字段中输入想要提到的人名，从下拉菜单中选择正确的人，这个人或公司就会收到通知。你可以用"提到"功能来祝贺新工作中的联系人，或庆祝自己在社交活动中的成就。要保持与联系人之间的长期对话，这是一个很有用的方法。

电话社交

人们不像过去那样经常打电话了。越来越多的人倾向于发短信、发电邮和网上聊天。所以，拿起电话打给别人，尤其是自己根本不认识的人，可能会让你觉得很奇怪。但是，在求职时避开这条路就是忽视了一个重要而强大的社交工具。

使用电话社交时，你可以打电话给三种人：你认识的人、跟你一样认识某人的人以及你不认识的人。

《如何在电话中进行伟大的社交对话》一书的作者凯瑟琳·穆迪说，带台词的电话会比没台词的容易一千倍。事实上，你在求职过程的不同阶段所接触到的人可能数量跟种类都很多，包括招聘经理、接待员、招聘人员、猎头、朋友、家人、邻居或目标公司的销售人员。在她内容丰富、娱乐性强的电子出版物中，穆迪分享了对求职者来说可谓无价之宝的各种台词。（她的《招聘经理：略微特别的台词》不可错过，在信心满满的时候绝对用得着。）

最重要的是，有了台词，你就不必一边打电话一边猜了。你永远不知道谁会接起你的电话，或者那头只是个语音信箱，你可以放松留言而不必因为害怕说错话而突然挂电话，这让人耳目一新。

你或许会为自己在求职过程中可能遇到的人设计好台词，为各种情况准备好理想的结果。在本章中，我们所关注的社交是为了进入隐性就业市场。因此，重要的是不要想着工作这回事。你只是想与目标公司里比你高一两级的人会面，最好是能够雇用或推荐你的人。你只有一个目标：让他们相信你将来会在公司有一席之地。你打这些电话的目的是跟决策者见个面或者电话交谈一下。

当你在进行面谈或成功的电话交谈时，请寻求下一步的帮助。如果你觉得自己很大胆，而且觉得谈话很有成效，那就问问能否与其他人会面。询问你是否可以和他们保持联系，在日历上记下你们的会面日期、承诺内容以及给出的建议。如果这是你希望保持联系的目标公司人员（这一点很重要，因为不必与求职中遇到的每个人保持联系），你最好在初次通话后与他们联系三次：

● **24小时内**：感谢他们的宝贵时间。

● **两到三周内**：为他们提供一些与你无关的有价值东西（例如，大会、即将举行的活动或他们重视的事情的相关信息）。

● **六周内**：分享成功经验，并根据他们给你提供的建议更新状态。

总结

如果发现自己的求职努力毫无成效，狂热的网上求职尝试也没有成功，那就退一步，专注于制订个人营销计划。确定目标公司并发誓要渗透进去，学习能做什么来确保自己的名字和面孔为决策者所知。这样当有空缺职位时，你就会成为他们首先想到的人。

不要坐在家里疯狂地浏览招聘广告、领英和Indeed工作搜索，把注意力转移到人际关系上，无论是在线交流、通过电话还是面对面。走出屋子去和人们见面，参加俱乐部和协会，参加行业活动，每周花点时间试着与所在行业和目标公司的人安排会面，练习自己的快速交际技巧。

让自己走出去可能会让人畏缩，甚至是彻底恐惧，但这是达到目标的唯一方法，只要多多练习，它就会变得更容易。你的努力将必然得到回报，为自己打开一扇以前可能关着的大门。

第八章

谋求职位

/林恩·M.威廉姆斯

本章概述了许多工作申请方法,其中包括传统方法、典型方法以及创造性方法,另外,深入剖析了求职者跟踪系统,并提出了求职的最佳实践、窍门和办法等。

隐性就业市场

还记得第七章中的隐性就业市场吗?它为什么会存在?雇主难道不想尽可能雇用到优秀的员工吗?认为这些工作对求职者来说是隐性的似乎很荒谬,也许未登广告、未发布或未公开工作等说法更合适?有很多原因可以解释为什么雇主不公布空缺职位——也许是想替换一个工作表现不佳的员工,或者不想让竞争对手或股东意识到他们正在为一些重大变化做准备。如果停止招聘,就会以非传统方式(比如在社交媒体上)发布工作,或者由招聘人员进行内部挖潜。这些都可能导致工作被认为是"隐性"市场的一部分。

此外,即使有工作发布也可能并不真实。也许候选人早已确定,公司只是做个姿态,发布一份符合公司政策和劳工部或平等就业机会委员会劳动法的工作。在招聘员工的世界里,似乎总有些神秘之处,而且一直存在。

30年前,《你的降落伞是什么颜色?》的作者迪克·鲍利斯在接受《纽约时报》采访时表示,80%的工作没有刊登广告,并暗示求职者的社会关系才是求职关键。过去几年间,Live Careers这样的职业网站估计,隐性就业市场仍然很大。最近,得益于互联网和社交媒体的崛起,招聘网站、搜索引擎和职业网站等线上资源在公司招聘方面取得了重大进展,但员工推荐在所有招聘方式中所占数量依旧最多。

员工推荐案例

> 虽然隐性就业市场不像以前那么大了,但求职者在转型期间仍应专注于建立人脉。目标不仅是提升本地关系网,也要与所在行业人士建立关系。许多公司都有员工推荐计划,所以建立人脉有助于利用"了解、喜欢、信任"的机会获得推荐。公司使用推荐系统,因为它不仅更便宜,也是更快的招聘方式。公司做出正确的招聘决定时,员工会待得更久,流动率也更低。研究表明,推荐雇用一年后的留用率为46%,两年期为45%,相比之下,非推荐雇用留用率分别为20%和14%。特别是如果推荐人是董事或更高级别的人,你也有很高机会被聘为推荐人。员工推荐计划带来的好处还包括更好的适应性、更高的雇用质量以及更加多样性。

所以,不断地出去结交朋友,建立自己的关系网和影响范围,还是有好处的。许多人认为关系比简历更有用,所以准备好一个蒸蒸日上的人际关系网总是好的,哪怕你处于过渡期(也就是目前在职)。如果联系人在谈话中提到你,或是在你缺席时给予正面评价,就说明你已经创建了成功的个人品牌，拥有了一支虚拟推销队伍。在正确的时候出现在正确的地方没有坏处，因为机会可能会降临到最近决定辞职或退休的人身上，也可能出现在还没来得及写求职信的人身上。

如果人们在隐性就业市场内外进行招聘，那么从逻辑上来说，拥有一份创意无限、引人注目的简历是最重要的事情（尤其是在公开招聘竞争相对激烈、非公开招聘竞争相对缓和的情况下）。另一种在工作正式开始或宣布之前击败竞争对手的方法，可能是在没有简历的情况下发送一封价值取向信。要确定哪种方法能带来最好的结果，在开始求职时就探索所有方法可能是明智之举。发送一些价值取向信件，把求职信和简历一起寄到目标公司，在网上申请一些职位，安排一些信息会面并试着建立关系网。通过跟踪结果来判断哪些途径最适合自己。

别忘了平邮

考虑使用平邮来获得独特优势。是的，别忘了信封和邮票，还有你从本地办公用品商店能买到的高质量简历纸张。我个人与公司高层的工作经验说明，没多少首席执行官和总裁会收到里面装着求职信和简历的纸质信件。为什么？问得很好！许多求职者认为应该只使用技术途径进行求职。然而，这种"老式"的方法是申请职位或联系目标公司的好办法，正是因为看起来好像没人这么做，才会让你脱颖而出。你可以在求职信中分享独特的价值取向或品牌声明。

你还可以大量发送平邮，把价值取向信寄到各个目标公司。如果花费了时间和金钱，你当然会希望自己的信被对方阅读，所以请确保每封信都是专门写给某位决策者的，并且使用高质量的信笺。公司网站上经常有高级领导信息，所以从小处着手研究目标公司。虽然通过一个热情的引荐认识某人通常是更好选择，但这种求职技巧可以增加你接到电话的概率，尤其是当你的技能非常专业的情况下。需要注意的是，虽然一般行业很少使用直邮——只有1%~2%的回复率——但多数直邮信件并不包括个性化的价值取向信。有关使用"直邮信件"详情，请参阅已故职业导师马克·霍温德的网站（www.JobBait.com）。

优化领英主页

招聘特定技能人员的雇主或者招聘人员可能会找联系人进行推荐，不过，他们也可能使用领英的高级搜索来寻找人才。申请招聘职位可能是找到下一份工作相对简单的方法。你要知道，即使身兼数职，即使有许多人感兴趣，你也应该只有一个领英主页。

领英主页必须战略性地填满关键词，尤其是标题、摘要、职位名称、出版物和项目、技能以及担保。第六章提供了优化领英主页和管理在线品牌的指导方针。本章后面将更详细地讨论关键词。

点击领英主页上的工作标签，可以选择建立工作偏好，并搜索、保存和申请职位。如果你开始求职，领英会自动推荐你可能感兴趣的工作。你甚至可以设置让领英发送工作提醒。

注册谷歌提醒

为感兴趣的公司创建谷歌提醒。这样，如果目标公司有任何扩张活动、新发布或新交易等新闻，你就会得到通知。如果看到可能会为你创造工作机会的活动，那就可能是让自己为对方所知的完美时刻。主动安排信息面试，把简历发给你在公司的联系人。

利用博客帮助你就职

有时候，你可以写某个行业、职业或公司的相关博客来获得关注。你的知识基础和跟他人建立联系的热情可能是下一个职业发展的可行途径。将博客文章链接到自己的领英页面或其他社交媒体，尽可能让更多所在行业的其他人看到博文。只要有更多人了解你的专业知识，你就会有更多机会在隐性市场找到工作。

YouTube视频可以作为数字面试吗？

YouTube视频可以作为数字面试或在某些行业或职位上求职的一

种创造性方式。这是一种在特定领域提升自己并建立搜索引擎优化或名称识别的方法，并且可能会在下一次机会中引起别人的注意。一个优秀视频可以帮你建立个人联系和持久印象。别忘了，在YouTube上发布视频更有可能让你的名字在谷歌搜索中成为热门，这进一步有助于推广个人品牌。

社交媒体和网站呢

如果你在推特、脸书和About.me等网站上都建立了专业的个人主页，那么社交媒体绝对可以成为你的优势。这是一个塑造品牌、提升自我和专业水准的机会。个人网站也是创建在线形象的好方法，可以展示在线作品集、简历、自传、照片、视频、写作样本和其他社交媒体平台链接等。

参加定期会议和贸易展览

如果在行业定期会议或展会上与人当面交流，你可能会发现一些未发布的工作或新公司的招聘。如果参加费用太高，可以去当志愿者，这通常意味着轮班结束后，你可以免费或打折观看展览。

与其找工作，不如找公司

与其找工作，不如把思维方式转移到感兴趣的公司。根据文化、增长、公司规模、邻近度、行业或任何对你来说重要的参数（这是你在第四章开始做的事情）建立目标公司列表。你可以通过订阅使用诸如Reference USA之类的数据库，也可以使用ZoomInfo.com。你也可以用美国人口普查局的北美行业分类系统代码或美国劳工部的标准行业分类代码来查找商业机构分类，这在使用Reference USA时会很有帮助。

不要过于离经叛道

在商界仍然有一些惯例，你不想引起别人的负面关注，也不想让人觉得你很绝望。所以，不要以把简历塞进鞋盒的鞋子里来表明自己已经一只脚在门里了。虽然有些行业可能看重或欢迎创造力，但在做一些非常规的事情前，一定要知道什么是合适的。

安排信息面试

询问一些在目标行业或公司工作的人，他们是否愿意花30分钟跟你谈谈所在公司、行业或自己的经历，看看他们是如何走到今天这一步的。这是个很好的社交机会。如果他们同意会面，就发送一份议程表，这样会面就有了一个焦点，可以让你有所发挥。

写一封价值取向信

什么是价值取向信？这是一个简洁说明求职者独特品质、技能和成就的陈述（100~150字）。换句话说，它说明了你将如何为公司增值。通过使用说服技巧，价值取向信主要解释你能如何通过专业知识和独特产品更好解决问题或公司痛点，重点包括被雇用后你将采取的行动。在你能提供技术专长和专业知识的多数职位上，它都能发挥作用。这封信能让你脱颖而出，也能突出你的可转移技能。当然，这并不适合初级职位，因为你需要能够强调的可量化成就，而这可能是成为高管的关键工具。附录八中有一封价值取向信样本，网上也可以找到其他例子，像Just Jobs Academy和About Careers就是两个很好的网站。

薪水相关问题

一提到薪水，许多求职者的焦虑程度就会上升。他们不想低估自己，也不想说出一个会让自己失去机会的过高数字。所以首先要做的是：做好功课，根据工作范围来评估典型薪资。第十一章包含了更多关于市场价值研究的细节，像Payscale.com、Salary.com和美国劳工统计局都是可以利用的资源。

回顾行业薪资信息以后，还应该为自己创建一个薪资历史记录，并确定个人薪资期望。比如需要赚多少钱，才能继续自己习惯的生活方式？使用附录九中的开销清单来帮助自己估算开销。

招聘广告偶尔包含薪酬范围，但通常情况下不会列出。如广告中要求申请职位时提出期望薪酬，你可以在求职信中写明自己需要的是一份有竞争力的薪水还是该职位的市场价值，但要灵活点，最好是面试时当面讨论这个问题。如果觉得有必要，可以告诉对方自己期待X美元和Y美元之间的价格区间。当然，最好是由雇主主动说出薪酬额度或范围，所以尽量推迟任何有关薪资的谈话，直到实际报价出现。还应该尽量推迟透露当前薪资信息，因为你肯定希望别人根据背景和经验来了解自己，而不是根据过去的薪资。

如果在电话面试中被问及"上一份工作挣多少钱"，可以告诉面试官自己研究过类似工作的公平市场价值，并希望能在适当时候得到一个有竞争力的薪酬方案。不仅是基本工资，还有与之相关的所有其他福利：假期、通勤距离、奖金、养老金、股票期权、保险（包括医疗保险在内）、学费报销和其他，当然还有职业道路、文化、挑战和旅行等广义福利。

你过去的薪资信息应该是私密的。历史工资应该与潜在工资没有关系，但是雇主通常会在申请工作时询问薪资历史。只要可能，就将其留空或输入一个范围。如果在面试中被问及这些信息，你可能会同意这样的评论："让我们进一步探讨我的能力、资格、背景和技能如何能为公司做出贡献，并在薪酬问题上保持开放心态。"如果对方强烈要求提供这些信息，你可以提供一个与以往薪酬和当前市场价值相一致的薪酬范围。

如果在网上申请一份工作，而申请中有那些烦人的薪资信息小框，该怎么办？很多求职者在填完这些表格后才能继续在线申请工作，这真的让他们很苦恼。那么，除了提供真相，你还能做些什么呢？首先，你可以尝试输入0美元或最小可接受的数字。你还可以尝试输入一个范围。如果这些选项都不起作用，你或许只好输入一个数字。如果你已经做了研究，脑海中就会有个符合行业标准的数字。然后，在第一个可用的评论框中，注明"薪资是灵活和可协商的，所填数字反映了当前薪资目标"或其他与列出数字相匹配的评论。如果没有评论栏，就在求职信中写上对薪资的看法。

网上求职

现在网上有很多招聘广告。几十年前，许多工作岗位都在报纸上登广告，虽然现在仍有一些，但数量已经减少了。有些广告要求简历通过电子邮件或传真发送，这是一件好事，因为你的简历实际上有可能被人审阅。然而，如果简历在最初的6~15秒内没有"脱颖而出"，那么你有多适合这个职位就无关紧要了。你可能不会被归入"A"类候选，尤其是当有数百人申请同一份工作时。在第五章，你学习了如何制作一份有效的简历。一定要把那个忠告牢记在心。

求职者跟踪系统的挑战

许多求职者在网上提交过格式过于复杂的简历，尽管他们完全合格，却没有收到回复。这可能是因为公司使用了求职者跟踪系统软件来帮助人才获取人员或招聘经理进行更简单和更有效的筛选。

求职者在线提交简历时，跟踪系统会对其进行评分、分类并存储在数据库中。这对公司有利，但对求职者不利。为什么？因为你的简历正被电子门卫放进一个黑洞里——事实上，研究表明，几近75%的简历从来没有被人看到过。

造成这么多简历"丢失"的原因很可能是求职者跟踪系统的过滤体系。输入的不一定会输出。现在是面对现实的时候了。你上次中彩票是什么时候？概率对你来说不利——可能只有25%的简历会通过在线系统的筛选，最终被人浏览。然而，奇迹可以而且确实会发生。所以，你要准备好让简历穿越众所周知的"黑洞"。

求职者跟踪系统的工作原理

当你向求职者跟踪系统提交简历时,系统会运行解析器,由解析器为内容赋予意义。简历不仅被扫描关键词,也被扫描关键短语。换句话说,该技术具有查找关键词前后词汇的能力,也就是所谓的语境化。

简历内容会被分析为相关术语和不相关术语,进行一个数学上的相关性评分。此外,系统还会回顾潜在求职者的工作经验深度,以及这些经验如何融入求职者的职业生涯。然后评分会经受验证,简历要么进入人眼,要么进入"黑洞"。

在领英上通过求职者跟踪系统申请工作

一些求职者跟踪系统可以使用领英账户登录。如果你已经完全优化了主页,里面包含关键字而且定期更新,那么这将是个非常棒的消息。请回去参阅第六章,了解如何优化领英主页。

如何避免黑洞

怎样才能击败求职者跟踪系统?你需要成为一名精明的求职者,用强有力的内容优化简历。在为在线申请而回顾和优化简历时,你应该考虑以下18条重要建议。

1.为每个职位定制简历,写明相应技能和经验。简历质量和提交数量是首选途径。仔细阅读职位描述,突出关键词,然后将关键词编入简历。Jobscan(www.jobscan.co)会把简历文本与职位描述进行比较,并给出匹配程度百分比。Wordle(www.wordle.net)或Tagul(http://tagul.com)会根据你的简历创建词汇云来突出关键词。

2.删除简历中所有图像和图形——包括徽标、图片和照片——因为它们在系统中是不可读的。

3.字体问题!不要使用小于10磅的字体,也不要使用任何手写字体。Arial似乎最为合适,另外Courier、Impact、Lucinda、Tahoma、Trebuchet、Times New Roman和Verdana也可以。如果求职者跟踪系要求以.txt或.rtf为后缀名的文档,那么Courier是最佳选择。不要给字体加粗、用斜体或下划线。

4.不要隐藏任何文本或关键字以试图欺骗系统。换句话说,不要在简历中键入职位描述中的单词,然后把字体改成白色,希望它能通过求职者跟踪系统。解析器可能会捕捉到这一点,它会从另一个方向去阅读白色字体。最终结果将是有人认为你试图偷偷摸摸。

5.考虑从简历中删除不相关职位。记住,简历是根据工作量身定做的,所以应该只包含工作相关职位。例如,如果你是注册会计师和工商管理硕士,在繁忙的假日季节从事过零售工作赚了点零花钱,在简历中就不必包含这些内容。

6.小心特殊字符。不要使用箭头、星星或方块。圆形实心的项目符号是最合适的。

7.避免使用底纹、花哨的边框、表格和分节符以及跨页面分隔线条。

8.检查拼写错误,它们会体现出你的粗心,而且求职者跟踪系统还可能因拼写错误而漏掉关键词。

9.确保联系方式在文件顶部而非页眉或页脚。一定要写上姓名、电话号码和电邮地址。把定制的领英链接放进来总是个好主意。也可以提供自己的推特账号和其他社交媒体链接,最好是职业专用而非私人链接。

10.在列出雇主之后键入雇用日期。与日期之间的破折号格式保持一致。了解连字符、一字线和长破折号之间的区别并正确使用。

11.用Word文档或富文本(rtf)格式发送简历,不要用PDF格式。一般应该使用Microsoft Word文档,因为求职者跟踪系统阅读器似乎能更好地处理它们。但是,每个软件平台是不同的。此外,上传整个简历比把简历内容复制粘贴到文本框中更可取。如果你必须把内容复制粘贴到文本框里,反而是个很好的迹象,因为那说明是人而不是机器在进行阅读。

12.不要多次上传简历，这可能会伤害而不是帮助你的事业——它不会帮助你以一种良好方式得到关注。如果在一家公司申请多个职位，那么请确保简历内容是一致的。

13.用描述性文字突出专业领域，不要成为一个多面手（除非这是给人力资源看的标题）。公司需要专家，所以专注于自己的专业领域。像营销、交流或运营这种称为通用术语，而客户体验、多语全球营销交流和商业设施管理等则称为具体描述。

14. 只包含典型的简历内容，如概述、核心能力、专业经验、教育和技能等。不要添加不常见的标题，如从属关系、会员资格和出版物等（除非你是学者）。把目标部分去掉，因为已经过时了。典型的简历格式可以是时间顺序或功能格式，也可能是这两种格式的混合。不管你用什么格式，如果复制、粘贴没问题，求职者跟踪系统就能读取。

15. 不要把工作描述罗列在职业经历下面，而应使用项目符号标出可量化的成绩和成就。任何数据、数字或百分比都有助于描述你对该职位的贡献。首先列出与工作描述最相关的要点，如果要点不是完整句子，就不要加句号，要点应以完成动词或行为动词开头。如果是当前工作，动词时态为现在时；如果是先前工作，动词时态为过去时。例如，监督了×××人、在×年期间增加了×××美元的销售额和减少了××%的费用。（参见第五章的行为动词列表）

16.使用与申请职位相关的行业术语，求职者筛选工具会对所提交信息进行排序和抓取，以获取关键术语和短语。特别重要的是要在工作描述中包含具体术语。如果想进入一个新的行业，要确保自己使用了该行业的常用术语。

17.关键词是求职者跟踪系统进行数学评分和简历排名的主要方法之一。确定应该包含哪些关键字的一种方法是通过关键词或文本分析器分析工作描述。Jobscan是个在线分析程序，可以列出简历中与职位描述相匹配的技能，可以根据职位描述中找到的技能去衡量简历中遗漏了哪些关键词。Jobscan建议只在匹配率高于80%的情况下去申请工作。

18.正如第五章中提到的，你需要两份简历。一份简历在视觉上很吸引人，格式漂亮，适合通过电子邮件和平邮发送。附录六有一个很容易被求职者跟踪系统阅读的简历解构实例，许多求职者跟踪系统软件程序要求你在申请过程一开始就上传简历，这种时候你就可以使用解构简历了。其他时候你可能会被要求在网申结束后上传简历，在这种情况下，你需要上传一份引人注目的简历以及求职信和推荐信等。

求职信

你需要求职信吗？如果对方要求，或者想以一种更强势的方式推荐自己，那就需要一封。求职信让你有机会展示简洁而有说服力的写作技巧，告诉对方你是否知道如何正确使用语法、拼写和标点。它还展示了如何正确书写一封商务信函。如果对方在这方面没要求，你可以自己决定是否要写一封。根据我的经验，1/3的招聘人员从不读求职信，另外1/3的招聘人员只在中意简历的情况下会看求职信，还有1/3的招聘人员会先看求职信，且根本不考虑那些没写求职信的候选人。因此，发一封求职信对你没坏处，但如果不发求职信可能是有坏处的。

简历顶部的联系方式应该与求职信完全一致，包括字体。求职信上下页边距应该相同。左对齐是许多专业人士的首选。以下是求职信内容的常见顺序：

- 发送方地址
- 日期

- 收件人地址
- 称呼
- 正文第一段
    - 明确职位以及你如何得知招聘事项。
    - 说明为什么对公司或职位感兴趣。
- 正文第二段
    - 总结自身优点,说明为什么自己适合这个职位。
    - 说明个人技能如何与工作要求相匹配。
    - 突出几项成就及其与职位的关系。
    - 分享价值取向,说明自己的背景和经验能如何满足公司需要。
- 收尾第三段
    - 感谢读者考虑你。
    - 提供进一步信息。
    - 说明你想接受一次面试,并期待对方回复。
- 签名处
    - 用"真诚的XXX"结尾,接着空四行,然后在姓和名前签字。
- 附件
- 抄送

求职信风格

求职信有很多种(见附录十)。使用传统的段落格式当然没问题,但求职信还有其他写作理由和风格,包括但不限于:

- 对应聘某一特定职位邀请的回应:说自己适合该职位。

- 推荐函：注明推荐人姓名（热接触）。
- 社交信息请求：询问行业或公司的相关建议。
- 预联络信：通知收件人，你将给他打电话。
- 预期信：在不申请具体工作的情况下表达对公司的兴趣（冷接触）。
- 工作匹配或T形求职信：求职信中间有两栏，左边是职位要求，右边是你的求职资格。
- 项目列表求职信：突出强调你的专业技能或特定属性。
- 招聘者求职信：说明你能胜任的职位类型。
- 前雇主求职信：表明对裁员并无不满。
- 价值取向信：解释自己的独特之处和优势，以及能如何帮助公司，而非专注于以往成就。

总结

一些更有创意的传统方法可以让你的技能、成就和简历引起目标雇主的注意，还有一些诀窍和技巧可以让你的简历符合求职者跟踪系统的要求。即便你已经掌握了这些知识，也不要忘记走出去，通过社交关系找到一份新工作。如果觉得找工作比实际工作更有难度，那说明你很可能一边在领英上建立本地人脉，一边已经成功实现了在上午、下午和晚上去参与社交的愿望。考虑使用价值取向信，尤其是当你正在寻找高级执行官级别职位或具有理想的行业特定技能时。无论是当面还是在线社交，都要保持积极和执着的态度，这样才能完成使命。记住，每一次拒绝都会让你离接纳更近一步。

第九章

拿下面试

/西娅·凯利

整个面试过程可归结为一个问题,不管这个问题以何种形式提出:"我们为什么要聘用你(而不是另一位应聘者)?"

本章将帮助你清楚、可信、难忘地回答这个问题——不仅是在被特别问到的时候,而是在整个面试过程中,从而让你脱颖而出。

放松而自信

几乎每个人都对面试感到紧张,紧张不安甚至十分害怕都是正常的。但是,焦虑到汗流浃背或头脑一片空白于事无补。

放松练习可以帮你在面试前和面试中保持冷静。在网上搜索"梅奥诊所的放松技巧",你会发现一些可在任何时间和地点使用的练习。尝试一些,选择最喜欢的经常练习,以备不时之需。

自信源于充分准备。投入一些时间和实践,用你在本章学到的一切为成功面试做好充分准备。如果过去一直即兴发挥,你可能会惊讶地发现,在做好充分准备后自己会感到自信多了。

让我们想想你在面试中需要自信传达的主要信息。

突出你最具有吸引力的特征

某个雇主可能基于50个理由雇用了你，但没人能记住这50个理由。所以，缩小范围：最可能让他们雇用你的首要因素是什么？再想想其他一些差不多重要的因素。这些就是你的关键吸引点。

通过以下问题确定自己的关键吸引点：

- 我具备哪些很难找到的资历？
- 我在哪些方面比同龄人做得更好？
- 雇主最欣赏我哪一点？
- 我的简历上给人印象最深的成就是什么？

有了简短的清单后，仔细看看确保自己的主要吸引点：

- 从雇主角度来看是相关的：你可能认为自己被雇用的最佳理由是写作很有创造性，但雇主可能对你在数据库配置方面的成就更感兴趣。
- 独特：大概所有候选人都具备这项工作所需的基本技能。你有哪些超越他人或难以找到的素质？
- 可验证，而不只是个观点：如果你有专业证书，那就是一个可验证的事实。优秀的沟通技巧不那么具体，所以可能不是一个很好的吸引点，除非你能提供一些形式的证据，比如简历中的相关经验、写作样本，或者领英推荐信中的溢美之词。

准备好让人记住你的关键吸引点。想一想：我们总能记得什么？

● 我们记得最先和最后发生的事情。在第一个面试问题时强调自己的主要吸引点——一般来说，就是你对"自我介绍一下"的回答——在最后总结时重复一遍。

● 我们记得强调的内容。在后续信息中提及一些关键吸引点。

● 我们记得生动的内容——能在脑海中看到的。讲故事说明自己的主要吸引点。

讲述一个故事

故事对于面试就像图片对于网站一样重要。它们对文字起到说明作用，并使其更具吸引力。面试问题的表达通常需要故事。如果对方说"告诉我你什么时候（处理过这件事或那件事）"，意味着你被问到的是个行为面试问题，这就要求你讲个故事。所以说，准备好大量故事是必需的。

即便没人要求，讲个故事也能让你的答案生动起来。一个讲得很好的故事能让面试官想象到你的工作做得很好，取得了成果。

在本书前面的部分你使用一些故事，借助CAR格式（挑战、行动、结果）为简历确定了技能和成就方面的内容。在面试中你需要再次使用这些故事，但应该增加一个元素：背景或情境。我们将其称为SOAR（情境、障碍、行动和结果）技巧，因为它包括情景或上下文、凭借额外技能才克服的障碍、为解决问题而采取的行动以及使组织受益的结果。

因此，在面试时请围绕着SOAR构建自己的故事。

下面这个实例是一位销售经理职位的求职者告诉我的。

SOAR故事：销售额增长两倍

我在Terrific Technology公司担任销售经理时，公司有个第三方呼叫中心，主要用于将线索传递给内部销售团队，但每天能得到的线索数量大约只有10条。（情况）

因此，我决定与呼叫中心的代表密切合作。起初我们遇到了些阻力，因为他们有自己的方法。于是我给班加罗尔的经理打电话，听取了他的意见，并与他合作想办法解决问题。我们讨论了对双方都有效的方法和时间表。（障碍和行为）

然后我改进了他们的文稿，开设了一个销售培训网络研讨会，并对某些销售代表进行了一对一的指导。（行动）

一个月之内，销售线索流量增加到每天30条，这使得当年收入至少增加了5万美元。（结果）

SOAR如何起到帮助作用

SOAR说明只有先组织好想法，个人故事才会完整无缺、引人注目和简明扼要。SOAR还说明故事要包含结果。面试讲故事时最常见的错误是缺少结果。许多故事的结尾都是"然后我改进了他们的文稿，开设了一个销售培训网络研讨会，并对某些销售代表进行了一对一的指导"。

面试官会想："你花了很多时间，到底有没有成功呢？"

结果一定要具体。量化真的很有帮助：说明你提高了多少效率、花了多少时间、赚了多少钱。如果没有确切数字，可以估计一下。

制作故事列表

编制一个故事列表，尤其是能说明自身主要吸引点的故事。

如果记不起故事的话，可以在网上找面试行为问题清单来帮助唤起记忆。

故事列表至少要包含12个，最好是20个以上。在如今漫长的面试过程中，你可能会被问到很多问题。一遍又一遍地重复同一个故事显然行不通。

不要把故事写成完整的文稿，那样就准备得太过了，而且字数也实在是太多，很难快速浏览。事实上，每个故事只要写下标题和一些容易忘记的要点就可以了。

接下来，列出每个故事所对应的技能和优势。如果面试官问及某项特殊技能，应该讲哪个故事一目了然。

使用表9-1模板开始创建自己的故事列表。这将是你最强大的求职工具之一。

表9-1　SOAR故事列表模板

标题：
关键要点：
本故事对应技能和长处：

自我介绍

这个问题总是最早出现，"你能自我介绍一下吗"可能是整个面试中最重要的问题。围绕自己的关键吸引点来组织问题答案，尽量体现出你是最适合这个工作的人选。

例如，候选人克劳迪娅正在面试一份教学设计师工作。

根据本章前面提供的指引，她已确定以下主要吸引点：

- ●10年循序渐进的培训部门经验,最后让她担任了首席教学设计师角色。
- ●强大的成就。
- ●在这家公司工作的特别动力:已和这家公司的人联系了一年,且一直在寻找工作机会;在那儿工作是她的梦想。
- ●教学设计硕士。
- ●网页设计和平面设计技能高于招聘条件。

她对"自我介绍"的回答基本如下:

如果能来这里,我会很激动,因为我用过公司开发的所有App程序,而且已经追随公司很长时间了。桑德拉·史密斯说能把你介绍给我,这简直让我高兴极了。

正如简历所示,我在培训部门工作了10年,在不同职位上取得了进步,最近在××公司担任过首席教学设计师。

我在那里进行了大刀阔斧的改革。例如,去年我领导了一个面向全国600名销售代表的销售培训计划全面改革。参与者得分从7分上升到9.5分(满分为10分),代表绩效开始好转,收入也相应增长。

我还有网页设计和平面设计等其他强项技能,以及××大学的教学设计硕士学位,这为我打下了坚实的基础(在此列举了一些与职位相关的不易获取的技能)。

对我来说,设计培训项目最鼓舞人心之处在于发现人们因为我的创造而把工作做得更好,也更加享受工作。那一直就是我的目标。

在这里工作听起来很符合我的要求。我已和公司几位相关人士交流过，确信公司文化和目标对我很有吸引力。

你对我所说的有什么疑问吗？

优秀的"自我介绍"要素

要真正做好自我介绍，以下要素不可或缺：

- 一个能引起面试官兴趣的开头。
- 专注于关键吸引点。
- 非常简短的职业总结。
- 一个证明结果的成功实例。
- 从工作角度对自己的动机和个性做一些剖析。
- 简要说明对这份工作的充分了解和热情。
- 一个恰当的结束问题（示例问题十分理想，可随意使用）。

接着进行口头练习。为了确保听起来不呆板或排练过度，不要背诵剧本。相反，你可以写一个简单的提纲或要点清单（但不要用完整句子写出来）。根据大纲把答案说出来，直到能背出为止。然后和搭档练习，让他分析你在回答时哪些方面做得很好，还有哪些方面可以提高。不断进行修改，直到确信自己的回答能让雇主清楚地知道为什么应该聘用你——而且能引起他们的兴趣，想更多了解你。

准备常见的面试问题

为面试中的常见问题（可以在网上搜索）以及可能根据简历提出的其他问题做好准备，比如"你是如何获得这个奖项的？"或者"为什么你的工作经历中会有一段空白？"。创建一个典型问题列表，并根据需要在每个问题下做一些笔记。与"自我介绍"的大纲一样，尽量记录得简短些。当准备具体面试时，可以在www.glassdoor.com网站上查找这家公司，看看以前的面试者是否在那里发布了面试问题。

每个回答都应致力于推荐自己，把注意力集中在主要吸引点上。每个回答都应告诉雇主为什么应该聘用你。

有时候面试问题的真正含义并不明确，所以你应该养成给自己提问的好习惯："他们到底想知道什么？"

请注意，有些问题需要故事实例来阐明。如果一个问题以"告诉我什么时候"或"给我举个具体的例子"这样的短语开始，那么泛泛而谈是不够的，即使对方不要求给出特定的故事和实例。SOAR故事会让你的答案更加可信和难忘。

确保回答是真实的。谎言和夸张可能会反过来困扰你，从网站上"借来"的回答可能听起来就很虚假。一定要做真实的自己。

需要准备的一个重要问题是："你的期望薪酬是多少？"这在电话筛选面试时经常被问到，往往会让面试者感到出乎意料。一般来说，你应该尽量把这个问题推迟到面试后期再回答。如果对方要求，不妨提供一个基于自身市场价值研究的薪酬范围。这个问题在第十一章中有详细介绍，所以请仔细阅读，以便对薪资问题处理做到胸有成竹。仔细计划并排练好回答，因为它会影响你未来几年的收入。

参加面试时，一定要认真倾听！要确保自己理解面试官的要求。如果不确定，就必须问清楚。不要反复重复同样的话语，如果已经说了该说的话，就可以停下。表9-2列出了面试中的常见问题以及面试官想要了解的内容。

表9-2 常见面试问题及其真正含义

问题	对方需要了解的内容
能说说你的故事吗?	● 我们为什么要雇用你? ● 你能否游刃有余地来应对这个奇怪的问题并给出恰当回答?
能说说你过去或现在的工作吗?	● 那个工作对你当前申请的工作是否有所助益?
你最大的缺点是什么?	● 这个缺点是否严重到导致你不足以胜任这份工作? ● 你是否能诚实地面对自己需要提高的领域? ● 你是否致力于不断提高自己?
能说说你的一次失败经历吗?	● 你是否诚实坦率? ● 你有没有从失败中吸取教训? ● 你有没有尽一切可能去挽回失败?
能说说你遇到过的最好的上司吗?	● 你更喜欢能让你发展的上司还是比较随和的上司? ● 你是否与过去的上司相处融洽?
你有没有遇到过很难相处的人?	● 你是否能与每个人融洽相处? ● 你是个公平公正、就事论事的人,还是会卷入是非? ● 你能在不损害他人(或自己)名誉的情况下,谨慎回答这个敏感问题吗?
你有没有参与别的面试?	● 你是否马上要去做别的工作了? ● 你来面试是不是在浪费我们的时间?
你觉得五年后自己会在哪里?	● 如果我们雇用了你,你是否会在这里待很长时间? ● 你有没有可能成长起来承担更多责任? ● 在寻求升职时你是否现实而耐心?
我们的竞争对手有哪些?	● 你是否了解我们的市场地位及面临的挑战? ● 你是否对此感兴趣并尽量找到答案?
你会怎样给一位盲人描述"黄色"这种颜色?	● 面对含糊和预期不到的挑战时,你是否能应对自如? ● 你能否展示一些与这项工作相关的技巧(比如创造力、灵感和沟通技巧)?

提些问题给人留下深刻印象

要想在面试中脱颖而出,仅仅正确回答问题是不够的。提出正确的问题同样至关重要。好问题可以说明你对这份工作非常感兴趣,而且已经在考虑如何做好工作。而不提出问题会让人觉得你兴趣寥寥。

在整个面试过程中准备10～12个问题很有必要。实际上你不会提出那么多问题，但要准备好，因为其中有些可能在面试过程中已经得到了答案。

并不是非要到面试快结束时才能提问。尽早提出问题可以为你提供信息并展现自身技能。因为你对雇主的需求、目标和活动了解得越多，就越能准确传达自身的信息。

认真思考一下这方面。一个好的问题应该：

- 展现良好的沟通能力和得体的举止。
- 关注工作而非薪酬：在公司给出报价前，永远不要问及报酬、福利、弹性工作时间或额外津贴等方面。
- 表明自己做了功课：最好的问题基于你对公司的研究。例如，"我看到了贵公司关于在线自助服务的最新推送，这对本部门会产生哪些影响？"

以下问题均可根据已知内容进行定制和改进：

- 这个角色最重要之处在哪里？
- 你能描述一下这个角色典型的一天吗？
- 这一角色的目标和优先事项是什么？
- 这是一个新职位吗？
- 如果这不是个新职位，前任员工为什么不干了？
- 在未来一年或几年中，这家公司会有什么变化？
- 这家公司最大的优缺点是什么？
- 你为什么喜欢在这里工作？为什么留在这家公司？
- 你觉得在这里工作有什么不愉快之处？

● 你如何描述公司文化？它是怎么发展的？

可以向招聘人员提出以下问题：

● 我需要向哪位领导汇报工作？他的姓名和头衔是什么？
● 与什么样的人一起工作最为合适？
● 我们今天谈话之后，下一步怎么做？

可以向招聘经理（未来上司）提出以下问题：

● 你在这个职位上的目标是什么？如果我成功了，会是什么样子？
● 入职最初60天中，这个角色的首要任务是什么？
● 高层管理人员如何看待这个部门的作用和影响？
● 过去一年中，你得到了哪些培训、发展和认可？
● 你的管理风格是什么？

可以向高级管理人员提出以下问题：
● 这个部门对公司的发展有何贡献？
● 你认为随着公司的发展，这个部门的角色会发生怎样的变化？
● 这家公司打算如何发展，以继续有效参与竞争？
● 这个职位的人员能在发展中起到什么作用？

我们已经学习了如何回答和提出问题，但这还仅仅停留在语言方面。接下来，让我们看看语言之外的其他重要方面。

非语言交际与"默契度"

雇主不会在完全理性的基础上做出雇用决定。这在很大程度上取决于直觉,而且非语言交流对此有显著影响。一些专家说,三分之二的交流是非语言的。那么,你需要做些什么来确保自己发出了正确的声音呢?你需要得到对自身非语言表达的反馈。

第一步是对着镜子练习或把过程录下来。通过这种方式,你可以看到自己的样子并产生一些想法。然而,外部视角也是必要的,所以请一位朋友或教练与自己进行模拟面试。不仅是对你说出的话做评价,对方还要对你给人的整体印象提出批评。握手、微笑、眼神、姿势、动作、语调和外貌等如何?哪些方面表现得很好?哪些方面需要改进?

肢体语言的相关文章已经很多——也超出了本章的范围——所以在此我们就看看其中一些最重要的观点。

先做重要的事

面试官对你的第一印象可能是微笑、眼神交流和握手。自己在进行练习时要特别注意这些动作,并向朋友寻求反馈。

注意姿势

多数情况下,良好的姿势意味着坐直,身体微微前倾,双脚着地或双腿交叉。不要跷起二郎腿,那看起来太过随意。双手可以放在膝盖上,有时也可以做手势。但不要交叉双臂,那样显得很冷淡,你应该表现得开放而善于接受。

说出面试官的名字

多数人喜欢听到自己的名字,所以在面试开始和结束握手时记得这一点,面试过程中也可以说一两次。

应该说"约翰"还是"琼斯先生"呢?这方面的礼仪正在改变,

而且每个人看法不同。一个常见观点是，最好遵循面试官的暗示：如果对方直接叫你的名字，你反过来也可以。还有些专家认为，在面试官特别邀请你直呼其名之前，最好使用正式的称谓。在这一点上，你可以随机应变。

着装给人留下深刻印象

穿什么衣服取决于许多因素——角色、行业和公司。一般而言，面试着装标准应略高于工作着装标准。

如果工作场合比较随意（牛仔裤、T恤、运动鞋），就穿商务休闲装去参加面试：正装休闲裤、短裙或连衣裙、开领衬衫、半正装鞋或者西装外套。如果商务休闲装是标准的工作场合着装，就穿西装——蓝色或灰色的精致闭趾皮鞋为宜，男士最好打领带。如果你每天都穿西装，那也没什么更讲究的着装方式了。穿上西装就行。

礼仪

面试比多数日常场合要正式，所以即便在进入公司大楼前和出来取车时，也要注意举止。以下是一些容易忽略的事情：

- 别人让你坐下时再坐，或者等别人都坐好了再坐。
- 如果提供的饮料不是水，最好礼貌拒绝。这是对别人的体贴。此外，紧张的人更容易发生意外，你也不会希望把咖啡洒到身上或家具上！水相对来说更加简单和安全。
- 不要把公文包和水瓶等私人物品放在面试桌上，应放到椅子下面或旁边的空椅子上。如果带了文件夹或笔记本和笔，可以放在桌子上。
- 不要仅仅关掉手机，还应该把它放在视线之外。
- 本文观点认为，在面试时用电子设备做笔记并不可取。

●如果可能的话，离开时在外面的办公室停一下，感谢到达时迎接自己的那个人。

面试形式：了解如何在所有面试中脱颖而出

并非每次面试都是一对一的问答环节。面试形式很多，每一种都有其挑战和机会。你应该了解如何在所有形式的面试中取得成功，减少"意外因素"。

电话筛选

电话筛选可能有点像"突击测验"——它可能突然出现，所以从提交简历伊始，就要做好准备。随时准备好自己的求职信和简历，同时保证招聘人员随时都可以联系上你。当招聘人员打来电话自我介绍时，你肯定不想纠结于"那是哪份工作？我跟他们说过什么？"，手边有这些材料就有备无患。

招聘人员可能会给你施加隐形的压力，让你"马上说几分钟"，即使对你来说时机并不合适。要求重新安排时间可能会让你处于不利地位，因为繁忙的他们可能只会把注意力转移到其他候选人身上。如果确实有事在忙，最好还是直说："我们今天能否稍后再谈？"不要三心二意地去参加一个糟糕的面试。

在电话面试中，你的语气至关重要。注意要微笑，这可以从声音中听出来，尽量站着使自己听起来更有活力。

一对一当场面试

这种面试对我们多数人来说比较常见。当场面试通常比电话面试时间要长，可能是半个小时，也可能是一个小时甚至更久。（冗长的面试往往是个好兆头！）

你知道提前15分钟以上去参加面试会给人留下不良印象吗？提前到达面试地点是明智的，可以确保不迟到，但最好在咖啡店或车里等上10~15分钟。利用这段时间看看笔记，复习一下这份工作和那些面试可能遇到的人员的信息以及自己打算说什么；也可以做些放松练习，想象一个成功的面试。

走进公司时，要注意了解公司文化和工作感受。对接待员和其他每个人都保持友好，但不要过于健谈。

小组面试

小组面试通常是为了使面试过程更为标准化，所以程序一般很固定。几位面试官在对面坐了一排，轮流问些事先准备好的问题。这种情况可能让人觉得不太自然也不太舒服，但你应该这么看：面试官可能也不喜欢这种情况，所以你应该对他们产生同情。试着表现得和蔼可亲，让他们感到放松，那么自己也同样会感到更加放松。

回答问题时，目光和肢体语言要照顾到所有面试官，而不仅仅是提问者。不要只关注友好的人，也要致力于说服不好相处的人。

如果允许做笔记，就记下在场每个人的姓名和职位。笔记按房间顺序排好——凯尔在左边，丽莎在右边——这会帮你记住谁是谁。如果可能的话，跟他们交换一下名片。

团队面试

团队面试这个术语有多重含义，但在此我们是指多位候选人在圆桌讨论或小组练习中进行互动的过程。这种形式可以让面试官观察到候选人的人际交往技巧，如团队合作、领导能力和实现既定目标的互助能力等。

这是一种平衡的做法：展现技能但不全权负责，与那些可能是竞争对手的人合作，就像在工作中一边与同事竞争升职，一边为共同目标而努力。

行为面试

行为面试问题通常以"告诉我一个具体的时间"这样的语言开

头，要求你根据自身经历讲述一个具体的故事。有些面试官严重依赖这些问题。行为面试背后的理论是，以往行为和表现是未来雇用后表现的最佳预测因素。因此，正如本章前文所述，准备成功案例清单很重要，你可以从中总结出一些内容来回答此类问题。

连续或全天面试

为了一个职位参加多场面试已经屡见不鲜，但多场面试集中在同一天进行或许令人难以置信。为了战胜疲劳，你可能需要携带茶水和类似蛋白棒的点心。

在每场面试中，把故事和实例略作改变，面试官可能稍后会比较笔记。如果可能的话，在结束一场之后，在一切开始变得模糊之前，做一些笔记。那将帮你在稍后写出明智的后续信息。

正餐面试

与未来上司和同事一起吃饭可能不算面试，但对候选人资格会产生同样的影响，所以要做好准备。提前想好点哪些菜可以节约时间。尽量点得相对简单，这样你们可以集中精力进行交流，而不是聚精会神地吃饭。

即使上司喝酒，你也别喝含酒精的饮料；把手机关掉并放在视线之外；对餐厅员工要有礼貌。

应该随意一些还是公事公办？当然客随主便。一个不错的谈话策略是问问他们最喜欢工作和公司的哪些方面。放松点，但别出其不意，在交换话题和餐桌礼仪方面要做到极致——即使上司说得不太对！

测试

面试时可能会进行各种各样的测试，比如能力倾向测试，既包括阅读、写作或数学等基本技能，也包括计算机或技术能力测试，另外还有行为或性格测试。

在性格测试中最好保持诚实，因为此类测试的目的就是发现不实之处。不过，提前做些练习可能会有帮助。Dummies网站（www.dummies.com）是个练习性格测试的优秀资源。第十章非常详细地介绍了职前测试，请参阅以获得关于这个问题的更多指导。

案例面试

案例面试是一种特定类型的测试。在案例面试中，面试官会给求职者设定一个与工作中遇到的情况类似的问题，并要求他们解决。许多网页和书籍都涉及这种类型的面试，本章不再详述。

如果受邀参加这类面试，要花很多个小时准备。如果可能的话，会花很多天去准备。www.LiveCareers.com和www.Vault.com等网站提供了关于案例面试的更多内容。

演讲促进面试

这种面试可能会要求你就自己或面试官选择的主题进行陈述。如果工作内容涉及培训，可能会受邀主持一个简短的研讨会。公司里的其他人会作为听众或积极参与者。

当然，你需要展示知识，也要努力让别人喜欢你的知识。尽量让它变得有趣点，鼓励别人评论和互动，用适当的幽默使人放松。

视频面试

虽然许多雇主使用视频面试，但很少有人真正喜欢。即使是面试官，也可能感到不自在。如果你能让所有人都感到更自然、更吸引人、更愉快，就会脱颖而出，给人留下好印象。视频面试可以是双向通话，也可以是异步面试。双向通话是实时进行的，一般通过Skype或谷歌环聊等平台进行。在异步面试中，你无法与面试官实时互动，你会收到一个问题列表，然后录下自己的回应。

应该去熟悉这项技术。如果可能的话，提前测试一下，确保自己在开始之前知道要做什么。保持脸部光线充足也很重要，使用类似Photo Booth或Crazy Cam的应用程序，通过相机甚或镜子观察光线是否充足，然后根据需要调整房间灯光。

一定要直视镜头，这样可以产生眼神交流效果。如果相机不在与双眼齐平的位置，就调整一下。如果是笔记本电脑，可以在下面垫上盒子或一本书。

令人惊叹的额外因素

不管参加哪种面试，都可以分享一些额外内容来证明自己能够超越面试，比如用作品集、PPT演示文稿或30-60-90日计划来展示如果被录用你将如何创造价值。

除了简历和推荐信外，文件夹中还可以放工作样本、项目摘要、图表和其他视觉辅助工具、推荐信、证书或认证资料的复印件、成绩单或非常有利的业绩评估。

如果准备在电脑上展现演示文稿，要提前确保它可以简便即时地显示，而不需要额外设备或设置。

如果带了30-60-90日计划，请确保它是为特定工作和公司量身定做的，研究详尽而又简明扼要——不要超过四页。

有些面试官可能对这些额外内容毫无兴趣，所以提前搞明白它们是否受欢迎。无论带了什么，都要选择恰当的时机使用。比如雇主提了一个与所带物品有关的问题时，正好可以拿出来。

面试收尾

从初次握手到最后一个问题，你的自我推荐技巧令人印象深刻，面试官正在总结。面试完成了吗？不完全是。记住，你希望别人记住自己是最适合这份工作的人——除了第一印象之外，最终印象也是令人难忘的。所以，重申一下主要吸引点和对这份工作的兴趣是很有必要的。

还记得本章前文提到的教学设计师克劳迪娅吗？她的面试结束语

是这样的：

> 再次感谢各位花时间为我面试。我比以前更兴奋了。贵公司的新培训门户计划与我所提出的网页设计和图形技能可以成为重要资产的项目完全不矛盾。总的来说，我有足够的经验和教育背景来领导贵公司的设计团队并做出很多贡献。我觉得契合度很高，很想加入贵公司团队！

如果没有得到当场雇用，克劳迪娅应该询问下一步做什么，包括是否可以在几天后打电话跟进。

正确地跟进——不要死记硬背

多数求职者在面试后都会发一封简短的感谢信。如果想脱颖而出，得确保后续沟通能够强化你是这份工作合适人选的理由。跟进感谢信的目的是：

- 表达感激。
- 重申你对这个职位的浓厚兴趣。
- 提醒雇主你的主要吸引点。
- 添加更多信息——例如另一项成就——或纠正错误表述。

应该用手写便条、电子邮件还是打印信件来跟进呢？每种方法都有其优点，其影响取决于所在行业。手写便条在某些行业可能显得过时，但在另一些行业可能是脱颖而出的好方法。无论采用何种形式，都要确保跟进能够及时到达，最好在下个工作日之前到达。

然后让对方保持对你的关注。再发送点书面信息或者打个电话，从侧面证明你是非常积极和自信的。用一种提供帮助的语气——"我想知道你们是否需要更多信息"——而不要问他们是否已经做出了决定。

清单：带什么去参加面试

看到这里，你可能已经注意到有很多关于面试的内容需要记住。用这样一个清单来记录自己在重大面试日的综合准备情况。你可以添加或删除项目，使之更加符合自身情况。

- 记事本和笔。
- 想要提出的问题列表。
- 简历和求职信复印件。
- 最多三封推荐信的复印件。
- 事先复习的注意事项（例如SOAR故事和回答常见问题的谈话要点）。
- 招聘启事、可能遇到人的名字以及面试的其他细节。
- 复制信息用的主应用程序。
- 手提箱（文件夹或公文包）。
- 地址、方向（含备选路线）、地图（纸质或App）。
- 备选交通路线所需现金。
- 着装B计划（备用领带、安全别针、备用尼龙袜、化妆品）。
- 手机须要关掉。
- 其他可选：作品集、演示文稿或30-60-90日计划。

总结

通过面试并不容易，任何形式的面试——从最短的电话筛选到全天现场面试——需要很多次回答这个不言而喻的问题："我们为什么要聘用你？"

你可以采用以下方式证明自己是合适人选：

- 用坚定的握手、眼神交流和微笑来建立融洽关系。
- 从一开始就借助自身主要吸引点进行有效沟通。
- 有效讲述SOAR故事，让雇主很容易地想象出你熟悉的工作方式。
- 从合适着装到需要带（或不需要带）的物品，每个细节都要落实。
- 真实性和策略性相结合，每个回答都要展现自身技能。

成功的面试需要付出努力。阅读本章是个很好的开始，现在最重要的部分来了：再阅读一遍并遵循适合自己的每条建议。像一个聪明勤奋的专业人士那样去计划和实践吧！因为多数求职者准备不足，你会脱颖而出并被人记住。准备好接受一份工作吧！

第十章

入职前的自我评估

/让·休诺维茨

在求职过程中,你可能需要做个职前评估。通常,这一步骤在面试成功后进行。与提供简历、完成求职申请、提供参考信息(包括联系方式)、通过初次面试评估和提供推荐信一样,职前评估是整个求职申请流程的一部分。

假设你正沉浸在一次成功面试的喜悦中,公司招聘人员发来电子邮件通知你去参加职前评估,并设置了最后期限。那该怎么办呢?职前评估会在招聘决策中占多大比重呢?

评估就是一种测试,有助于提供一种公平一致的方法来比较求职者,并衡量与职位要求的匹配程度。测试的确切权重因公司而异,但评估很少会成为主要决策工具。评估目标是雇用最适合这项工作的人,并增加此人的成功留用机会,因为在公司里,采购、招聘、测试、选择和雇用都是代价高昂的职能。对职前评估了解越多,你就越能在这个竞争激烈的经济衰退后环境中胜出。

评估类型

评估有很多类型:个性、认知、诚实、遗传、就业资格、网名搜索、社交媒体屏幕、技能、工作知识、工作能力、药物（包括尿液、血液、唾液或头发）、身体素质（肯定与实际工作职责有关）、体检（由医生或注册护士进行）、工作证明、经核实的推荐信、背景资料（包括身份和犯罪记录）、指纹检查、信用检查（只在公平信用报告法案允许情况下）、语言流畅度、评估中心和实际工作预览等。

自20世纪70年代以来，诸如背景调查、医学检查、诚实笔试和简单知识测试等评估方法一直处于正常使用中。过去15年中，受互联网接入范围扩大的推动，这些新工具越来越受欢迎。然而，雇主使用的每种测试都必须有效可靠且没有差异性。此方面更多信息，可参阅平等就业机会委员会（EEOC，Equal Employment Opportunity Commission）网站。

选择简单……且合法的测试评估

雇主应选择简单的测试评估，注意确保所选与工作直接相关。2015年，折扣零售商塔吉特支付了280万美元，与平等就业机会委员会解决了一项索赔，起因是该公司使用的就业评估"过度基于种族和性别筛选了豁免级别专业职位的求职者"。此外，"平等就业机会委员会发现其中一项评估违反了《美国残疾人法案》。这项由心理学家代表塔吉特公司进行的评估是一项应被禁止的职前医疗检查"。

通常情况下，雇主开展评估是因为他们认为这些评估将为获取人才提供最佳信息，无论是新聘的外部员工，还是寻求调职或晋升的现有员工。从2001年到2013年，使用职前评估的大型雇主数量从26%增长到57%。2015年，约76%的百人以上企业在招聘时使用了能力和个性测试，且这一数据预计还会上升。

理应认识到测试在当今招聘过程中的重要性。试着搞清楚对方会进行哪些测试，对每个都表现出兴趣，尽自己所能做好准备并冷静及时地完成。如果可能的话，用电脑而不是移动设备完成所有评估。尽管某些测试已支持移动设备平台，但仍有许多在智能手机或平板电脑上无法正常工作。完成后，在两到四天内跟进并询问结果。

社交媒体和网络屏蔽

你是否担心有人在社交媒体上搜索自己？应该有所担心。你有两个选择：让所有网站上的内容不公开或干脆不发布可能被负面解读的个人内容。例如，避免发布宗教、政治、种族笑话、聚会、非法活动、负面评论、工作不满或类似内容。网上发生的问题就在网上解决！不要让这些事情影响现实生活。

你有犯罪记录吗？除了某些行业和工作，这不一定会阻碍就业，当然也取决于你自己的信念。除了犯罪记录调查外，雇主还会出于如下原因去进行背景调查：

- 过失雇用诉讼呈上升趋势。如果雇员行为伤害了他人，雇主可能要承担责任。
- 为避免过失雇用招致的诉讼，雇主需要知悉或应当知悉雇员的犯罪记录。
- 国内外恐怖主义行为的根源在于恐怖分子是某家公司的雇员。
- 公司丑闻发生时，高管、行政人员和董事会成员在职业和私人生活方面都会面临一定程度的审查。
- 某些求职者提供虚假或美化过的信息，导致雇主不敢盲目接受申请。

深入审查

可以付费使用在线服务，深入数据库中去检查自己是否有犯罪记录。国家犯罪信息中心是联邦政府使用的数据库集，但仅有执法部门或其他专业核准组织可访问。在地方一级，可以去本县治安官或法院书记官办公室查询。此外，公共安全部门、国家警察部门和国家调查局可查询国家级犯罪记录。在国家一级，联邦调查局也有这些记录。如果在查询自己或他人的报告过程中需要付费，需要小心点，因为很多公司根本无权访问所有数据库。查询申请人可能错误地认为，经过一段时间，定罪已被撤销或已从记录中被"删除"。要知道，错误有时确实会发生。所以在可能的情况下，必须确定自己是否有犯罪记录，内容是什么，以及是否正确。如果不正确，需与代理机构联系并要求提供正确文件。

犯罪记录查询

根据公司需要，雇主决定对犯罪记录查询的程度不同，结果也会有所不同。国际查询也可以进行，但准确度可能同样因国而异。

基因检测

在职前评估中使用基因检测存在很多争议。此评估用以检测健康个体中是否存在可能增加某些疾病风险的遗传异常。在工作场所，这种检测可用来筛选求职者和雇员。遗传基因导致有些人如果暴露于某些物质，比如化学物质或辐射，就可能更容易患上疾病。2008年通过的联邦法《反基因歧视法》旨在保护个人免受遗传歧视，即禁止在医疗保险和就业中滥用遗传信息。

E-Verify验证系统

E-Verify是个基于互联网的可选系统，帮助企业确定其员工的工作资格。法律要求无论是美国公民还是获得必要授权的外国公民，公司只雇用合法工作的个人。作为一款快速、免费和易用的软件，E-Verify是目前雇主确保合法劳动力的最佳途径。雇员得到雇用并提交个人文件后就需要用到。与其他联邦数据库项目一样，系统的支持者和反对者各执一词。

E-Verify具备自检程序，允许你使用雇主在输入信息时所使用的数据库来检查自己的就业资格信息是否正确，自检网址是www.uscis.gov/mye-verify/self-check。去吧，现在就可以查下！

实际工作预览（RJP）

实际工作预览对雇主和求职者都很有用。这是雇主观察你与员工互动、提出明智问题、跟踪员工、谈论所知情况的一个机会。对求职者来说，这是一个了解工作、同事和公司好坏的机会，它能让你了解更多公司文化。

性格测试

让我们来个时间旅行。早在公元3世纪的中国汉朝，人们就通过就业测试来评估公务员的心理能力。跳到20世纪，1921年，托马斯·爱迪生在被要求寻找技术帮助时，发明了一种职前测试。该测试被指责为极其困难，只有活的百科全书才能通过。值得注意的是，亨利·福特和尼古拉·特斯拉通过并得到了聘用，两人都在爱迪生的帮助下取得了成功，后来又各自取得了成功。

再来快进到21世纪。公司会进行个性测试以确定你是否适应其文化和工作风格。许多人，但不是所有人，都基于"五大"人格特征——开放性、尽责性、外倾性、随和性和神经质——也称人格五因素模型（FFM, the five factor model）。该模型起源于20世纪20年代，

1980年形成体系，并在20世纪90年代得到深入研究。

Wonderlic和CCAT这样的认知测试可以评估人的智商和学习能力。最流行的标准化人格测试（以下排序不分先后）包括迈尔斯·布里格斯类型指标（不用于招聘）、明尼苏达多项人格测验（不用于招聘）、预测性指标、Kolbe A指数、四霍根评估、DiSC个性测验、优势识别器 2.0、Caliper核心测评和16人格因素等。

如果知道自己要参加哪个测试，就应该进行研究并尝试做些样本问题练习。如果不确定用哪种测试或哪种类型的测试，可以询问招聘人员。掌握信息越多，准备也就越充分。每种测试都有内置冗余，所以你无法事先"模拟"。

谁使用什么测试？跟规模有关吗

使用职前评估的雇主大到财富500强，小到家庭作坊。谷歌表示，他们对未来员工最为看重的是认知能力和快速学习能力。脸书使用优势识别器帮助员工进行职业发展，但不用来招聘。沃尔玛在申请流程结束后的第一次面试前，会使用一个定制评估测试。各级政府也都使用各种品牌评估。

证明人和推荐人：好的、坏的、丑陋的

证明人核实是个过程，用于证明过去绩效是未来绩效的预测因素。然而，由于受到诉讼威胁，许多雇主不愿提供超过雇用日期的前雇员信息、薪酬、职务说明和职位。因此，许多州通过了"豁免"法，给那些为前雇员提供如实证明的雇主提供民事责任保护，故意传播虚假或误导性信息的雇主则不受所在州豁免法的保护。

由谁来写证明信？最好的证明人是现任和前任经理、同事和下属。然而，人力资源或外包服务也可以提供证明，例如www.

theworknumber.com。供应商和客户也可以是很好的证明人。当你问别人是否愿意做证明人时，要告知自己正在求职并感谢帮助。如果被要求提供证明，一定要让他们告诉你。

务必在填写的求职表中附上证明人的完整联系方式：主管姓名、主管职称、工作电话号码和受雇日期；也可以在简历中提供一张职业证明人页。在顶部写上自己的标识信息（姓名、电子邮件、电话号码），列标题包括参考人姓名、公司、关系、手机、工作电话和电子邮件。

提供完整、及时和准确的信息将有助于促进证明过程。列出多少证明人由你自己决定，通常六到八个比较合适。每隔几年更新证明人名单，以确保所有信息仍然准确：人们会更改姓名、工作、头衔、电话号码和电邮地址。证明人资料应该时刻准备好，以备不时之需。有些收费服务可以帮助审查证明人信息，然而，此类服务的可靠性并不确定，必须仔细评估。不要让朋友打电话去审查证明人，那可能引起怀疑。

如果有证明人告诉你某公司联系过他，不妨跟公司联系以确保是否需要其他证明人。有时联系人会让你知道证明人给出的评价是否正面。

招聘公司会对证明人提出两个最重要的问题："你为什么离职？"以及"你凭什么可以得到这份工作？"如果不确定现任或前任主管和同事会提供正面的工作证明，就采取措施缓解这种情况。只要无须向未来雇主提供潜在的负面评价，就不要提供。

如果必须提供一位让自己觉得不可靠的证明人，首先问问自己为什么认为此人会给出负面评价。然后，与关系良好的同事交谈，试图了解哪些担忧可能会被传达给未来雇主。你辞职了吗？被解雇了吗？态度不够好吗？出勤记录反映的是迟到还是缺席？工作表现如何？

不管是被一份没预料到的糟糕推荐信蒙蔽了双眼，还是事先预料到了，重要的是，在进行工作背景调查之前，要事先解释清楚，从自己的角度看是否有什么情况是不寻常的。永远不要责备或转移负面情况，要平心静气地解释，做到实事求是。如果做了错误决定、出现了健康问题或在工作中不够认真，就要承担责任。如果对此有异议，则可以提供其他人的推荐信以证明自己工作十分出色。

雇主对你工作过的地方或七年前同事的工作推荐不感兴趣。不管你是最近没在工作，还是现已准备工作，或者正在工作，都请让可能了解你业务能力的专业人士提供证明信息，比如银行家、所属协会会长、宗教领袖或长期邻居。不要从遥远的过去挖掘证明人，保持最新的证明信息。如果一直在当志愿者，那么志愿者负责人是个很好的人选，可以让他当证明人。不要让家庭成员、姻亲或朋友来当证明人，除非对方要求提供个性或隐私证明人。如果一直在抚养孩子或照顾生病的家庭成员，你与谁交流过呢？谁又能以专业方式描述你的美德呢？

雇主可以通过两种方式获得许可来核实证明人：你在就业申请表上签署的声明或者你签署并授权的特定推荐信表格。如果雇主使用某项服务，所得到的信息可能比较有限。如果只提供职位名称和工作日期，那就谈不上证明，而只是对以往工作的核实。对你感兴趣的雇主需要权威人士提供准确而有力的推荐。

初次面谈时提交的推荐信非常有价值。正如简历应该保持更新，推荐信也应该是最新的。将最新推荐信以电子格式打印出来，这样就可以在电话面试两天后安排一次当场面试。把推荐信当作保险单，礼貌而优雅地请求别人写推荐信。为他们提供自认为与技能、求职和未来职位相关的具体信息。推荐信应包含以下三部分：

●介绍性段落，说明推荐者怎样认识求职者。

●如实描述求职者的知识、技能、能力和成就，并给出一两个实例。

●总结解释推荐者推荐雇用求职者的原因。

如果有自己尊敬的人来请求写封推荐信，请感到荣幸并把信写得好点。

你想在这家公司工作吗

在收到工作邀约和参与任何相关谈判之前，确定自己是否真的想要这个机会。不仅要尽可能全面地了解这家公司，还要研究合适的薪酬，问问自己是否愿意在那工作。这是一种既客观又主观的锻炼，涉及大脑和直觉。花时间和精力做好功课，就会得到答案。

正如畅销书作家、顾问和招聘培训师卢·阿德勒在2013年出版的《招聘和应聘基本指南》中所说："在接受另一份工作之前，对自己提出一个问题——'不考虑金钱因素，这是我想要的工作吗？'如果不是，那么无论拿多少钱，你都会感到失望。"

畅销书作家、演说家、求职者职业发展专家迪克·鲍利斯在《你的降落伞是什么颜色？》一书中认为，"在当今世界，得到雇用者不一定最能胜任这份工作，但他一定最懂得如何才能得到雇用"。

先问下自己。你从评估中得到结果了吗？这个过程教会了你什么？你清楚自己的优缺点吗？你为什么想要这份工作？时机对吗？职位对吗？公司文化是否符合自己的价值观？求职就像约会——你需要一个对的人。可以回去看看本书第三章，了解更多信息以评估公司文化是否合适。

接下来，研究一下这家公司。人力资源部给你的感觉好吗？遇到的员工看起来开心吗？认识在那里工作的人吗？查看公司网站，公司的使命宣言说了什么？能找到愿景陈述或当前目标吗？在网上搜索这家公司，看看评论和公司简介有些什么内容。它如何被评为"最佳工作场所"？你有没有得到什么有用的汇总信息？

研究过程似乎总是很累人，但形成的最终意见非常有价值，并将引导你做出最终决定。使用表10-1来帮助自己。

表10-1 雇主评估工作表

给每个问题打分。不同意给零分,中立给一分,同意给两分。总分越高,你就可能越适合这家公司。

1.	从最初接触到现在,公司表现是否专业?	____
2.	通过电话或现场参加面试时,有没有觉得自己受到欢迎?	____
3.	公司的地理位置是否方便平衡个人生活和工作?	____
4.	你有没有被告知更多关于公司和工作的信息?	____
5.	你是否认同公司使命和愿景陈述?	____
6.	你有没有被问及与资历直接相关或基于空缺职位工作描述的法律问题?	____
7.	公司职位的高空缺率是个危险信号。这个职位空缺很久了吗?	____
8.	你喜欢那个将要成为自己上司的人吗?相信自己的直觉。	____
9.	你看到的员工是否对你微笑,看起来很开心?	____
10.	员工推荐是一个强有力的招聘来源,你认识公司里的人吗?	____
11.	公司的高人事变更率是个危险信号。大部分人在这家公司工作多久了?如果这不是一家年轻的公司,那么员工在职时间过短可能会令人担忧。	____
12.	职位空缺过多可能是一个危险信号,除非是由于公司规模扩张。公司有很多职位空缺吗?	____
13.	对方有没有问你是否有问题?对方的回答让你满意吗?	____
14.	你能想象自己是公司的一员,并作为一名贡献者受到赏识吗?	____
15.	这份工作是否清楚地显示了薪酬的全部组成部分,包括工资、福利、佣金、激励工资、奖金等?	____
16.	浏览公司网站和所有公司社交媒体网站后,你是否认为对公司了解更多了?	____
17.	阅读热门网站的评论,包括 Glassdoor、Vault、领英、脸书、Yelp、雅虎和 Indeed 等,形成自己的看法。	____
18.	该公司是否得到商业改善局的正面评价?	____
19.	在福布斯网站上搜索公司相关文章,文章和评价是否正面?	____
20.	在财富网站上搜索公司相关文章,文章和评价是否正面?	____
21.	公司是否获得了最佳工作场所奖或类似的荣誉?	____
	总分:	____

应该接受这份工作吗

现在你已经准备好等待"来电"了。你决定了什么?这是你等待的工作机会吗?在第十一章中,你能学到更多关于工作邀请、谈判策略和讨价还价的知识,在此要记住以下技巧:

- 收到一份工作邀请时,对它进行评估并确定是否需要讨价还价。
- 一定要在规定时间内回复工作邀约(通常不超过48小时)。问清楚是否有录用信需要签字回复。
- 了解这份工作是否需要签署雇用合同,在签字之前一定要仔细阅读。
- 明确所有的薪酬和福利,以确定工作真正的经济价值。

如果决定不接受,要平心静气地解释原因,不要过河拆桥。这份工作可能不适合你,或者自己已经接受了另一份工作。不管什么原因,那家公司将来可能会给你提供一份完美的工作。

总结

职前评估可以帮助雇主以公平合理的方式比较求职者,并评估其与职位描述的匹配程度。评估只是用来确定求职者是否合适的一种工具。评估包括证明调查和信用调查,外加个性和智力测试。求职者应注意分析各种因素来评估未来雇主。

第十一章

得到你想要的工作

/艾伦·德·巴克

刚成年时我想买辆新车。我的第一辆车,是父亲几年前买的,很快就要被送到垃圾场去了。我满怀信心地去找经纪人,觉得自己能谈个好价钱。几个小时后,我开着一辆新车离开了,却感觉好像"输了这场战斗"。我确信自己付出的钱远远超出了理应付出的,但不知怎的,还是付钱把车开走了。之后每次开那辆车,我都会责备自己,直到卖掉的那天。到底发生了什么呢?

再来快进到我找到和接受第一份工作的时候。之前我在非营利组织和政府部门工作,但两者都在经历衰退,而且我的谈判能力有限。收到公司的工作邀约时,招聘人员对我的评价是"都没想要谈判"。我相信对方并接受了提出的薪水。刚入职几周,我就发现几个直接下属的薪酬都比我高。我又一次感到沮丧和自责,发生了什么呢?

我们许多人在个人和职业生活中有过类似的谈判经历。因为在谈判中有过不知何故"失败"的经历,导致一提到谈判就有挫败感。我们认为无论成功者还是失败者,都应该从这种经历中走出来,我们对失败者的后悔感同身受。聪明的求职者明白,21世纪多数雇主希望与你进行谈判。而且,多数雇主希望提出双赢的解决方案——他们既希望你觉得谈了笔公平交易，也希望自己能有同样的感觉。

在本章中，我们将从求职者角度来看谈判问题。有哪些策略可以用来确保自己和新雇主在谈判中获得双赢的最终工作机会呢？

为什么要谈判

很多人对谈判没有好感，所以对工作邀约的细节谈判存在强烈的抵触情绪。为什么不直接接受，以避免整个不愉快的局面呢？在很多情况下，你可能会失去一个同时满足自我需求和雇主需求的最佳机会。你以后会产生"买家后悔"吗？

最重要的是，你是自己的最大支持者。没有人会以你想要的方式来代表你。如果存在需要满足的特定优先事项，那么只有你自己最适合阐明并进行谈判，以确保得到满足。这是一个只有你才能面对的挑战。

其次，必须绝对确保底线需求得到满足。无论是维持生活水平所必需的薪酬水准，还是协调照顾孩子的灵活安排，只有在满足一定条件的情况下，你才能在新工作中取得成功。如果基本需求都得不到满足，新雇主就无法获得你能提供的最佳工作表现。在这种情况下，双方都注定要失败。

最后，长期财务前景可能会受到影响，尤其是在职业生涯早期。当前薪水会影响未来加薪和长期收入潜力。难道不应该尽自己所能要求最公平的薪酬吗？当前决定可能会导致未来数千美元的差距。

什么时候应该谈判

很多情况下你需要通过谈判才能获得工作机会，有时候甚至需要努力谈判。来看看一些对你有利的谈判情况。

如果薪酬没有达到预期，应该试着找到上司谈判。也许根据调查，薪酬无法反映自身市场价值；也许根据计算，薪酬无法维持生活水平。这两种情况都是协商加薪的好时机。如果不能成功地就更高薪酬水平达成一致，可能需要做好准备放弃这份工作，但至少努力过就不会有遗憾。新雇主总是想让你充满热情和活力地投入工作，而薪酬太低确实会影响对于新工作的热情。

要认识到没有一份工作是理想的，潜在新雇主提供的工作或许与最初讨论的职责有所差异，甚至高于最初职责。在这种情况下，你在这个职位上的价值应该说有所上升。这是另一个协商薪资的好理由。由于这份工作与最初期望有所不同，你完全有理由回头协商一个反映当前职责的薪酬。

最后，可能还存在这种情况：薪酬可以接受，但出于私人原因，你需要一些额外福利。比如你有孩子，需要灵活的工作时间以衔接托儿服务。或者你愿意接受更低的薪水以换取远程办公机会。这两种情况都说明你可能希望在薪酬之外就工作的其他方面进行谈判。

什么时候不该谈判

我们经常听到工作机会谈判的概念，有些人认为在任何情况下都需要谈判。然而，在某些情况下，谈判既没有必要，也不明智。如果一份工作的方方面面都符合预期，为什么还要冒险呢？

我的客户杰克经历过一场漫长而令人沮丧的求职。他所在地区的市场状况不好，对他的技能需求也不高。某天，他打电话来说自己收到了一份很好的工作邀约，薪酬远高于自身市场价值。他想知道自己是否应该尝试谈判，因为好几本求职书籍告诉他应该"一直"尝试就工作进行谈判。经过短暂讨论，我们一致认为他没有讨价还价的真正理由。这份工作非常合适，薪酬也超出了预期。后来，他完全按要求接受了那个职位。

虽然我鼓励客户不要先提出薪资问题（最好把这个问题留给雇

主），但它在面试过程中很早就会出现。

如果你从一开始就表示某个薪资或薪资范围是可以接受的，那么在得到一份工作后再去协商薪资并不是一个好主意。雇主会真的以为你对当前薪资满意——这时再反悔就显得不太道德，从而危及这个工作机会。

某些雇主（非营利组织或政府组织）在薪资方面根本没有空间。根据公布的薪资和与他们的交谈，你可能会提前知道这一点。在这种情况下去尝试谈判，只会让双方都感到沮丧。

确定是否应该谈判和参与谈判的果断程度非常重要（图11-1）。需要考虑的两个因素是自身技能有多大市场需求以及你有多需要这份工作：

- 对技能的低需求和对工作的高需求：除非有些情况与工作要求不相符，否则不应该谈判。
- 对技能的适度需求和对工作的适度需求：可以考虑薪资或福利谈判。
- 对技能的高需求和对工作的低需求：可以自信地谈判。

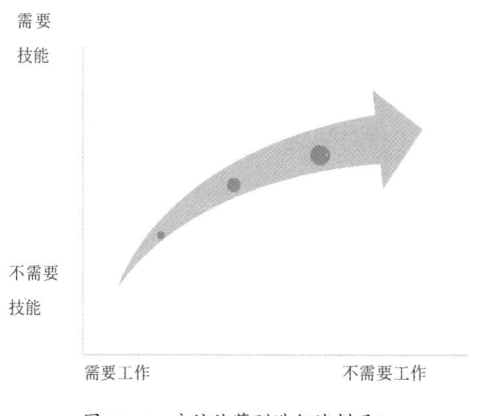

图 11-1　应该就薪酬进行谈判吗？

谈判什么

谈判一份工作，最常想到的是薪资谈判。只要现实一点，薪资谈判在很多情况下都是合适的。我的客户帕特在一家高科技咨询公司工作，他的薪酬特别高，他自己也心知肚明。公司突然破产后，他发现自己在寻找新机会时必须评估一下实际薪酬范围。虽然很想维持高工资，但他也知道那是不可能的。后来接受一份新工作时，他觉得薪资还算合理，但也比以前少了几千美元。

如果薪酬没有商量余地，有什么可以弥补呢？应该考虑在第一次绩效考核时和有第一次加薪机会时谈判。通常情况下，这一步在入职一年后才会发生，但或许可以通过谈判争取到机会，让它在入职六个月后发生。也就是说，你有六个月时间来证明自身价值，证明自己值得加薪。

许多人利用谈判过程提升福利待遇，也许可以用一两周的假期来代替加薪。新雇主或许愿意承担健康保险的多数费用。养老保险计划也值得你考虑。

我们都在平衡工作以外的许多责任，所以许多人认为就工作灵活性进行谈判很有必要。例如，可以要求灵活的工作时间表来照顾年迈父母。或者，由于交通问题，每周最好有几天进行远程办公。有些公司愿意考虑"4-10工作日程表"（一周4天，每天10小时），这样每周可以有三天假期。

简而言之，请认真思考自己的心理底线和生活方式。附录九的每月开销清单可帮你解决问题。你希望就其中哪些选项进行谈判呢？

薪资谈判

多数人觉得薪资谈判是最令人生畏的过程，因为薪资这个话题往往从一开始就是令人忌讳的。想想那些严禁员工互相讨论工资的组织吧。然而，如果在谈判开始前有所准备，感觉会舒服些。

我的一位同事是一家大型咨询公司的招聘主管，他说，无论哪一方（求职者还是雇主）先提出薪资问题，都处于不利地位。然而，一些研究表明，先行提出薪资标准的一方更容易得偿所愿。

不管怎样，了解自身市场价值是非常重要的。不管以前薪资多少，也不管未来薪资期望多少，都需要先了解公开市场上的自身价值来进行现实检验。如果不这样做，就可能被高估或低估。

在被问及薪资期望时，尽量给出一个范围，而不是具体数字。你可以说，"根据我所做的研究，这个职位在本区域大概值这个价"。然后列出上下限约1万美元的一个范围（比如8万至9万美元）。使用这种策略表明你已经做了功课来确定自身市场价值，而不是简单陈述个人期望薪资。

最后，要现实点。是的，六位数薪酬当然好，但根据自身市场价值、雇主类型和将要做的工作，这是否现实？记得我的客户帕特吗？他知道期望以原有薪酬找到一份工作并不现实。在谈判中不现实意味着你没在真诚地进行谈判，整个报价可能会崩溃。

如何确定自身市场价值

要在薪资谈判中现实一点，意味着你需要知道自身实际市场价值，它主要由职位、工作类型和所在地理区域决定。同样的职位在爱达荷州农村地区的市场价值可能会与在纽约市大相径庭。确定市场价值需要做些调查。

从专业机构和出版物开始是个很好的起点。许多职业组织对不同地理区域的各种职称进行年度调查。这些信息发表在研究报告、白皮书或组织网站上。他们通常还会讨论观察到的任何薪资趋势。请注意，可能需要成为该协会成员才能访问这些数据。

此外，还有大量研究薪酬的在线商业资源。尽管有些网站对用户的详细搜索收取费用，但多数允许用户根据职位和地理区域进行免费的基本搜索。这些数据可能有点过时，因为它通常基于长达一年的研究。然而，多数在线资源还允许用户挖掘职位名称和城市或地理区域。许多公司提供平均工资和工资范围。最受欢迎的在线资源有 Salary.com、Glassdoor.com 和 Payscale.com 等。

美国劳动就业和培训管理局也提供了一个很好的在线资源，O*NET OnLine（www.onetonline.org）。除了列出各种职位的工作要求、兴趣和技能外，O*NET 还提供未来几年预计的需求数据。薪酬信息既包括国家统计数据，也包括各州统计数据。这是一个可用来确定自身市场价值的丰富信息资源。

在相同领域工作的朋友和同事也是很好的薪资信息来源。事实上，他们可能会根据所在领域情况提供最新数据。不要问同事到底赚了多少钱，而要问他们对现实薪资范围的看法。如果可能的话，在自己考虑工作的行业找位同事进行咨询，他们所提供的信息最为准确。

谈判：个人方面

薪资调查完成后，仍会有一些变数使得每次谈判都很独特。这些都是主观因素，取决于你的个性和舒适度，完全在自己的控制范围之内。

谈判确实需要一定程度的自信。哪怕刚开始谈判，也需要相当程度的自信。然而，自信和激进之间有着天壤之别。过于激进可能会冒犯潜在雇主，甚至导致公司取消聘用。那么，多大程度的自信才合适呢？

最重要的是，与潜在雇主保持积极谈判。这与本章开头描述的汽车经销商情况是两回事，你和雇主需要在谈话结束时感觉双方都得到了公平。但这又是什么意思呢？

首先，证明自身价值。你能带来哪些有利于雇主的技能？你将如何帮助他们解决问题？更重要的是，你将如何帮助他们把业绩提升一个层级？谈话不应该是关于你需要从他们那里得到什么，而应该是关于你能为他们的组织带来什么价值。

其次，了解雇主的限制。一些雇主（尤其是非营利组织或政府雇主）在谈判过程中可能没有很大的灵活性，别抱着不切实际的期望。

最后，不要发出最后通牒。没有什么比发出最后通牒更能让谈判陷入不利境地了。即使心里有底线，最后通牒也不会得到自己想要的。相反，要从积极角度进行谈判。如果最终不得不放弃这份工作，保持积极态度也会让双方都感觉良好，哪怕谈判并不成功。谁知道呢？也许将来会出现另一个有利的机会。

早期职业生涯和个人生活在经历了一些与谈判相关的消极状况后，我甚至讨厌看到"谈判"这个词。我向自己保证，再也不会让自己陷入需要谈判的场景中。当然，这一承诺并不现实。后来，我开始意识到谈判过程并不一定是消极的，可以凭借专业知识积极有效地进行谈判。

要意识到未来上司真的希望双方都高兴。如果接受了一份薪酬无法接受的工作，或者福利不够优厚的工作，你很可能无法发挥出最大的能力。

简而言之，需要调整对谈判过程的态度，采取一种心态，即认为谈判过程应该是双赢的。尽管这种调整很难，重要的是要看到，工作邀约谈判与买车时的消极过程迥然相异。那对你和潜在雇主来说是双赢的。记住这一点会帮助你减少对谈判过程的负面情绪。

潜在雇主会如何回应

好消息是，多数私营部门雇主都希望进行某种谈判。谈判工作邀约的各个方面已成为一种普遍做法。在2015年Salary.com的一项调查中，73%的受访雇主表示，他们在谈判中没有受到冒犯。更有趣的是，84%的受访者表示，他们倾向于求职者在面试过程中协商薪资。

对于那些担心试图谈判会导致失去邀约的求职者，87%的雇主表示在谈判之后从未取消过工作机会。

坏消息是存在一定风险。如果试图谈判的雇主不在87%之中，就确实有冒犯的风险，你的提议有可能会被撤销。请参阅本章前文，了解在决定是否继续时，什么时候应该谈判，什么时候不应该谈判。

取得双赢

无论是谈判工资、福利还是工作时间安排，以上建议都会帮你获得成功，实现你和潜在雇主都在争取的双赢局面。

记住要保持积极心态。保持积极向上的主题贯穿于本章始终，这是你在整个过程中必须做到的最重要之事。例如，如果你因为提出不合理要求而变得消极，整个过程就会崩溃。不管以前有过什么样的谈判经验，都应该保持积极态度。

为了在谈判过程中最好地陈述观点，应该准备好需要的备用信息。薪酬谈判意味着要了解自身市场价值。对于其他问题（福利、工作时间表等），需要让雇主了解每个人将如何受益。例如，如果想和上司协商每周两天的远程办公安排，你应该首先向上司保证，家里具备充足的技术条件来完美完成工作任务；还应该尝试给出一些证据（比如根据过去经验），证明在家工作实际上效率更高。

最后，对谈判过程的最终结果要现实一点——可能无法得到想要的一切。你可能得不到想要的全额薪酬，可能一周只有一天能远程工作。然而，在真正双赢的情况下，你和新雇主都会对这个过程的结果感到满意。

完成交易

你已经成功通过了谈判过程，并且收到了可以接受的报价。恭喜你！你需要采取哪些步骤来完成这笔交易呢？

首先，即使已经完成谈判过程，也不要当场接受提议。你可能需要与配偶或其他重要的人讨论工作细节。即使不讨论，也应该最后详细全面地审阅一下工作，以确保自己完全理解每个方面。任何有信誉的雇主都应该愿意在得到回应前至少给24小时。

其次，明确所有细节，确保明白自己所接受的是什么。我的一个客户收到一份工作邀约，其中包括一个非常复杂的公司股票期权授予体系。虽然表面上听起来情况不错，但她不明白这个过程。她的最初反应是接受，但我劝说让她回去搞清楚细节。结果，雇主修改了整个邀约。

再次，获得书面录用通知。口头报价是不够的，还需要一封正式的报价信。从我一个同事的实例中吸取教训，她没有听从这个建议。她和打算入职公司的招聘联络人谈判了额外一周的假期，但仅仅是口头达成协议。开始工作以后，招聘联系人已经离职，没人知道那额外的一周假期。幸运的是，公司最终还是履行了口头承诺，如果公司不同意，其实她也没什么办法。

最后，以书面形式回应最终报价。再说一遍，仅仅口头接受是不够的，还应该写一封正式信件。有了书面邀约和书面接受，就有了完整的书面记录，确保你和新雇主对工作环境的看法是一致的。

总结

谈判过程可能复杂难懂且令人沮丧，但却是值得的。首先，研究自身情况，确定是否进行谈判。发现自身市场价值以后，考虑谈判哪些内容。保持积极态度，努力达成一个对自己和未来雇主都有利的结果。一个成功的谈判过程将真正为你和新雇主带来双赢。

第三部分 应对挑战和特殊情况

在第二部分中,你学习了为找到适合自己的新职位而需要采取的步骤。在第三部分,我们将讨论一些可以采取的步骤,以便让你在现实情况下成长、跳槽、走向社会或寻求国际就业机会。

第十二章

该走还是留：如何跳槽成功

/玛丽莲·A.费尔德斯坦

如果对如何平稳过渡职业感到不确定，你并不孤单。我们的上一代人被期望在大学毕业后选择一份职业或工作，留在那里工作，直到退休时收到一块金表来观察生命的剩余时间。如今情况已不再如此。与其把事业看作一个终点，不如看作一段旅程。跟多数旅行一样，需要做出改变。那么，怎样知道何时应该改变呢？以下线索会告诉你需要准备开始行动了：

- 每个工作日醒来都害怕去上班。
- 因为自身技能没有得到充分利用而感到无聊。
- 个人价值观与经理或公司的价值观产生冲突。
- 有段时间没加薪了，薪酬跟不上通货膨胀的速度。
- 没得到本以为应有的升职。
- 公司新近雇用了没你能干的上司。你本来觉得自己应担任这个职位。
- 公司正在进行合并、收购或裁员，并提供遣散费以帮你平稳过渡。

●感到自己被困住了。无法想象一年、两年甚至五年后，还在这个岗位上工作。

寻求跳槽之前，要确保自己知道为什么离开。可以据此与经理和领导进行对话，看看是否有其他职位能更好地发挥自身技能。有时候，只要将技能运用到当前公司的一个新职位上，就能获得新的活力和兴趣。然而，如果决定离开，至少也要知道原因，这会让下一份工作更有价值。

工作满意度如何

表12-1测试可帮你决定自己是否需要做出职业改变。如果多数情况对你来说是正确的，就选择"是"。

表12-1　工作满意度测试

1.	你喜欢每天完成的大部分任务和活动吗？	是	否
2.	是否觉得工作所要求的任务对你构成了合理挑战？	是	否
3.	你喜欢和公司里的人一起工作吗？	是	否
4.	你觉得自己能融入公司文化吗？	是	否
5.	你是否经常从上司那里得到明确的指导和支持？	是	否
6.	你尊重和信任上司吗？	是	否
7.	你对公司提供的产品和服务感到骄傲吗？	是	否
8.	你的公司是否有坚实的财务基础并朝着正确的方向发展？	是	否
9.	你的工作环境是否安全，是否有利于完成工作？	是	否
10.	你觉得自己的工作生活和个人生活是否处于合理平衡的状态？	是	否
11.	你的工作是否得到合理的报酬，包括福利？	是	否
12.	你认为公司有发展机会吗？	是	否

计算一下，每个肯定答案得1分，分数参考如下。

分数：

10-12：如果多数回答是肯定的，那么你的处境就很好。看看自己没有给出肯定回答的问题，并努力在当前公司做出改变以解决它们。

7-9：你的多数回答是肯定的，所以仍可挽救局面。继续阅读本章以确定能否解决问题。

0-6：你对一半以上问题给出否定回答，说明需要做些改变。请继续阅读本章以确定如何解决问题。

对以下编号问题给出否定答案，则意味着：

1或2，你可能有技能差距；

3或4，你可能有文化冲突；

5或6，你可能与某位经理合不来；

7或8，你可能处于价值束缚之中；

9或10，工作环境可能是症结所在；

11或12，你正经历着一场无法茁壮成长的职场失败。

技能差距

离职最常见的原因之一是，不喜欢或不觉得自己在工作中必须完成的日常任务具有挑战性。如果对问题1或2的回答是否定的，说明你遇到了技能差距。请思考为什么不喜欢日常工作：

● 在工作中感到无能为力吗？如果是这样，可能说明你的天生技能并不适合这份工作。想想能否额外参加培训来解决问题或者任务是否超出能力范围。有许多方法可以获得额外经验或培训以解决问题。请看第十三章和十四章，以得到关于此问题的更多指导。

●认为自己不适合这份工作吗？例如，性格内向的人从事需要大量人际交流的工作，或者性格外向的人从事需要整天被电脑拴住的工作。这意味着你可能遇到了不适合自己个性的工作。回头去看看第一章中关于个性和兴趣的练习，帮助自己找到问题根源。

●觉得这些任务无聊？如果对自己的工作不感兴趣，那么留在职位上对自己和公司都没好处。可以通过第二章的练习确定自己最喜欢使用的技能，然后再来看看自己是否有机会继续在公司发展。

●觉得自己没能人尽其才或被低估了？如果日常工作没有挑战性或对经验和水平要求不高，那么你的工作能力很可能已经超越职责本身。如果喜欢公司，就和经理谈谈弹性工作，或者寻求升职机会或者进行横向调动来取得其他技能。第十三章和十四章会告诉你如何提升和管理自己的职业发展。

文化冲突

离职的另一个常见原因是认为自己与员工或企业文化不相适应。如果对问题3或4的回答是否定的，说明你可能遇到了文化冲突。请思考以下问题：

●你不喜欢公司里的多数人还是少数人？如果是前者，那么换个部门或区域也无济于事。如果与本部门员工相处不好，但喜欢其他部门的员工，则可以考虑换部门。

●一起工作的员工过于粗鲁还是看不起你？如果管理团队放任这种行为在公司不断出现，那么是时候改变了。如果这种行为偶尔出现，不妨找人力资源部谈谈或者寻求可能的员工帮助服务。

●由于年龄、种族或民族等原因无法融入公司？公司"喜欢你"的员工很少吗？在这种情况下，寻找一家多元化的公司可能是解决办法（参见www.diversityinc.com网站上的年度多元化公司50强排行榜）。另一个解决办法是与公司员工建立关系，在更私人的层面上了解他们。也可以在公司内部建立或加入一个员工关系小组，召集一群同事并建立联系。

●性格与很多公司员工格格不入？在这种情况下，处事风格可能会大相径庭。例如，一个极具创造力、个性张扬的人在一家多数员工穿西装的保守公司工作。如果公司包容不同的个性和工作风格，你会觉得很舒服，但总会在工作中受到一定影响。请参阅第一章中关于个性类型的指导以及第三章中找到合适工作场所的方法。

与上司不合

与上司不合也是离职的最常见原因之一。如果对问题5或6的回答是否定的，你的问题可能在于跟上司不合拍。请思考以下问题：

●上司愿意接受工作关系反馈吗？如果你总体上喜欢并信任上司，自身技能也很有价值，那么他可能没有意识到你更喜欢不同的监督方式。在业绩评估或其他紧张情况的间歇期安排一个谈话时间，向对方说明自己喜欢和不喜欢的工作方式。只要以职业和协作的方式提供反馈，多数人都会接受。

●审视过自己在工作关系中的角色吗？应该对自己和上司的关系保持诚实。你是在促成一段不正常的关系，还是在给上司一个不信任的理由？如果事无巨细他都要过问，很可能意味着他认为你的工作马虎或没有达到目标。在跟上司会面前，花点时间考虑自己可以做些什么来改善关系。

● 公司其他部门或领域是否有更好的领导？如果觉得公司里还有其他更适合自己的领导，而且也需要你的技能，可以找他们谈谈转职的事。人力资源部会在这方面有所帮助。也可以找位导师，让他就其他部门给你提供一些看法。第十三章会教你怎样找到一位导师。

● 觉得这段关系无法修复吗？如果认为已经无法修复，而且公司内部几乎没有其他选择，那么是时候做出改变了。在找新工作时，一定要尽量找到适合自己的上司。与所在行业的同事建立联系有助于找到拥有优秀管理团队的公司。

价值束缚

人们经常因为不看好公司发展或者觉得公司走错了路而离职。如果对问题7或8的回答是否定的，那么你可能处于价值束缚中。请思考以下问题：

● 满意公司使命吗？如果不相信甚至反对公司使命，你可能遇到了价值束缚。比如公司要求反对吸烟的你去接管一个销售烟草产品的部门，你可能就会变得矛盾。多数时候情况更加微妙，如果与公司目标不一致，就很难集中精力在工作方面。如果你处于类似状况中，就换家公司或换个行业吧。第三章和第四章可以帮你找到更适合自己的公司。

● 你信任公司提供的产品和服务吗？如果不信任，就很难做好工作。在这种情况下，你唯一能做的是影响变革。假如曾经尝试改进但没成功,就瞄准所在行业中拥有卓越声誉的公司。

●你是否关心公司的财务状况或发展方向?如果担心公司的财务状况,或者强烈感到公司正朝着错误方向发展,那就应该去找一份新工作。当金融危机迹象出现时,许多人像鸵鸟般把头埋在沙子里[1]。要反其道而行之,积极主动地去寻找一家更有实力的公司。第十章会告诉你在接受一份工作前怎样去评估一家公司。

●公司是否要求你做一些违背个人道德的事?另一种可能出现的情况是,员工被要求做一些不道德或低俗的事情。如果这种情况不止一次反复发生,就可能是一种模式。在一家愿意将自己(和你)的声誉置于危险境地的公司里供职,要特别小心。

工作环境问题

人们往往因为工作环境与工作方式不契合而离职。这可以包括一切,比如实际工作环境、通勤以及每天完成的工作量。如果对第9或第10题的回答是否定的,你可能遇到了工作环境问题。请思考以下问题:

●这份工作和工作场所符合理想中的生活方式吗?如果工作严重干扰了期待的生活,想想自己最痛苦的原因是什么。是期望的工作时间吗?通勤问题?工作时间缺乏灵活性?试着找雇主协商其中一些问题。在离开不喜欢的工作或

---

[1] 译者注:这里指躲避现实。

公司之前，应该尝试和上司或人事代表商谈自己的担忧。

● 物理环境有助于做好工作吗？如果环境中有干扰工作的地方，在离职前找上司讨论一下。例如，性格内向的你很难在开放式办公环境中工作。做出解释后，询问在进行高强度项目时是否可以在家里或安静的会议室工作几天。本书的第三章和第四章会告诉你如何才能确定自己所倾向的工作环境。

● 物理环境是否不安全或不健康？如果工作环境正在危及健康，又没有能力改善，那么是时候做出改变了。去寻找安全记录更好的公司（www.osha.gov）或工作环境健康的公司（搜索"最适合工作的地方"）。

未能茁壮成长

员工通常会在没有得到足够补偿或发展机会时离职。如果对第11或12个问题的回答是否定的，那么你可能正经历着一次职场失败。请思考以下问题：

● 你了解所在行业的公平市场价值吗？如果自己表现出色，薪酬却低于公平市场价值，那么应该在讨论加薪可能性时与上司分享这些数据。第十一章提供了关于薪资谈判的指导，里面还有些寻找薪资数据的资源。

● 公司有职业或领导力发展计划吗？越来越多的公司正在制订职业发展计划以留住和吸引员工。考虑提出要求参与这些项目并充分利用其所提供的成长机会。

● 公司还有其他适当机会吗？如果喜欢所在公司却担心工作是个死胡同，就找上司谈谈延长工作时间问题或者在当前公司寻找其他机会获得技能。第十三章和第十四章会告诉你如何提升和管理自己的职业发展。

- ●是否错过了升职机会或者在工作表现出色的情况下只得到小幅加薪？在这种情况下，可能需要换家公司来获得想要的补偿。可能你的起薪较低，公司的薪酬结构也不灵活。或者你可能已被束之高阁，只能另觅他枝。为了能跳槽到一家薪酬结构更好的公司，你应该与同事建立联系，并浏览www.glassdoor.com和www.payscale.com网站寻找薪酬优厚的公司。

什么阻碍了你

如果基于以上情况觉得自己需要做出改变，那么是什么阻碍了你？有很多恐怖、虚假和错误的职业信念会阻碍我们做出改变。以下是些最常见的错误想法：

- ●待在原来的公司比较安全。如果心情不佳，工作表现自然会受到影响。不管怎么努力，如果在精神上已经迈出一只脚，就很难保持全心全意了。记住，如果你对现状非常不满，那么留在原地对自己或雇主都没好处。
- ●没人愿意雇用35岁以上的员工。你永远不会太老，除非自己服老。其实老了也有价值，因为经验越丰富，薪酬也就越高。看看年报，你会发现领导团队通常由50岁以上男性和女性组成。为什么？因为他们有技能、经验和才干。职场中存在年龄歧视吗？是的。我们都有偏见，只要存在雇用情况，偏见就会存在。重要的是记住，随着年龄增长，经验和知识也在增长，对雇主的潜在价值也在增长。
- ●没人在招聘，没有工作职位，经济还很糟。这句混话的问题在于：找到下一个职位与经济好坏、失业率多少无关。不管经济状况好坏，总有空缺职位。

因为人们每天都出于各种各样的原因在流动：

— 员工接受内部和外部的晋升或横向调动。

— 公司合并或收购其他公司，并可能同时招聘和裁员。

— 妇女休产假，可能不再回到原先岗位。

— 人们搬到其他城市、州和国家。

— 公司扩张并增加新职位。

— 企业家创建新公司并招聘人手。

— 有人退休。

— 不幸的事情，如有人去世。

这些人员流动情况在每个组织都会发生，为你留出了空缺职位。

当你听到没有工作的时候，再读一遍这个列表。你只需要一个职位。最好的时机就是你准备好的时候。那么到底哪些想法阻碍了你？

●如果新工作更糟怎么办？这就是为什么离职前需要做个彻底的自我盘点。在跳槽之前调查公司也能避免不明智的举动。第一章到第四章和第十章对这些问题提供了更多的指导。

●担心自己看起来像个不停跳槽的人。过多工作任期太短可能会引起潜在雇主的担忧。然而，在过去10年中，工作流动性大幅增加，因此"跳槽"不再是一种耻辱。如果说有什么区别的话，那就是在一家公司里待得太久的人现在往往被视为缺乏抱负或灵活性。所以，尽管你需要"三思而后行"，在跳槽到新公司之前努力解决现有问题，但要记住，在糟糕的环境中待得太久也会伤害自己。

●觉得自己所受教育已经过时。教育的美妙之处在于，一旦获得就拥有，而且不会变老。即使只记得所学知识的一小部分，仍有很多机会继续学习：在工作中参加会议和研讨会、阅读、与他人合作、承担延伸作业和领导项目等。第十三章和第十四章会告诉你在跳槽前是否需要更多培训或认证。

●一切都要重起炉灶。对于多数刚开始工作的人来说，重起炉灶意味着进入一个初级职位。然而，许多人无须重起炉灶就可以跳槽。在简历和品牌声明中利用可转移技能换个方式推销自己就可以了。雇主看重的是你如何增加价值和改变自身技能。

我们已经驳斥了许多不做改变的常见借口，那么如何才能摆脱困境呢？如何才能把改变的真相转化为自己需要的快速鞭策呢？

如果已经决定换工作，但留在当前的公司也是个可行选择，那就看看公司内部的空缺职位，找人力资源部谈谈，在内部建立关系网，找到可能适合自己的部门和职位（更多建议见第十三章）。另一方面，如果已经决定离开当前的公司，要先去看其他公司的空缺职位以及雇主需要什么样的技能。抵制住马上求职的冲动！把它当作一个研究项目，慢慢确定哪些类型的公司和职位可能适合自己。

www.indeed.com网站是个很好的资源，它像蜘蛛一样在网上搜索已发布的职位信息。使用时，首先可以看到两个方框，分别是"什么"和"哪里"。有创意些，别把自身可能性局限于"教学设计师"这样的头衔。尽量使用可转换技能，比如课程设计、项目规划、项目管理或开发培训项目等。如果拥有当前所需的证书或培训，就在"什么"方框内填入,看看哪些雇主比较看重这些。输入想去工作的特定城市,要不就将"哪里"字段留空,这样能看到所有区域的空缺职位。如此一来,你就能更全面地了解现有职位类型以及雇主通常需要的技能和经验。

接下来,为可申请职位类型填写可转移技能工作表(如表12-2所示)。将自身技能和资历与典型雇主要求进行对比,以确定此类职位是否适合自己。

表12-2 可转移技能表

职位	技术能力	交际能力	我的技能和资历
企业培训师	●开发销售和领导力课程 ●制定议程 ●开发课程材料 ●创建学生计划 ●提供演示文稿	●优秀的语言运用能力 ●口头和电话技巧 ●高能量 ●多任务 ●灵活 ●与各级员工和供应商合作良好	
在线学习	●分析 ●设计 ●开发 ●执行 ●评估 ●战略规划 ●平面设计 ●混合学习	●与他人合作 ●灵活 ●适应 ●有条理 ●专注细节	

找到最适合自己的职位类型后,可参看第四章以明确自身职业目标和偏好,从而开始确定目标公司。

应该换个职业或行业吗

如果根据现状分析,觉得自己应该进入一个新领域或新行业,那就需要做些额外工作。进入新领域或新行业比在当前领域找一份新工作更具挑战性,但并非不可能!

要做的第一件事是对自己最喜欢使用的技能进行全面评估,并将这些技能与感兴趣的职业进行比较（第二章）。应该充分了解自身的可转移技能如何在目标新职业或新行业中得到应用。如果存在一定可能性，就需要做些实地调查。要了解职业或行业的更多信息，有两种最佳方式，分别为信息面试和见习工作。

与第七章讨论的社交会面类似，信息面试一般为15～30分钟，其目的是搜集信息。多数人喜欢帮助别人。告诉对方自己正在寻求他们所选职业的相关建议和信息，多数人会非常乐意给出看法。为什么？因为寻求建议的过程暗示他们是专家，而且观点值得重视。第七章详细介绍了如何安排此类会面和后续工作。在会面时提出一系列问题，例如：

- 我想多了解你的职业生涯。你是如何进入当前职位或职业的？
- 你觉得工作中最具挑战性或最有趣的部分是什么？为什么？
- 怎样才能在这个领域取得成功？
- 这个领域需要哪些技能、资历或培训？
- 我目前的技能和培训在这个行业或领域有价值吗？我还需要做些什么才能在这个领域有市场？
- 你建议我阅读或获取什么资源来更多地了解这个领域或行业？
- 教育背景或资历要求有哪些？
- 什么是典型的职业发展？
- 你能推荐两三个我可以交谈的人吗？我可以说是你推荐了我吗？

几次信息面试之后，应该就知道这个领域是否适合自己。下一步是安排一次工作见习。观察潜在新职业中某人的日常活动，以便在走上新道路前做出正确的决定。

选择新方向后，你就需要修改简历，用新领域或新行业中使用的术语来突出自身可转移技能。如果想转行，第五章有些关于简历格式的建议可供参考。在能够解释可转移技能如何应用于新工作之前，不要开始求职。对于退伍军人求职者来说，这是个常见问题，因为他们很难将军事经验转化为民事经验（以至于联邦政府为退伍军人专门创建了一个技能快速通道：www.onetonline.org/crosswalk/MOC）。为了确保自身技能和术语与新行业相匹配，将目标领域的招聘信息和职位描述与可转移技能工作表中的内容进行比较（见表12-2）。

怎样成功转行并做出明智的财务决定

我们经常花更多时间来计划假期，而不是计划职业生涯和管理财务。必须有个计划才能为一路可能的颠簸做好准备。经历裁员或失业可能是下一个职业发展所需要的高效催化剂。以下建议将帮你在过渡期保持好财务状况：

- ●财务缓冲：生活账单会给你带来很大压力，也会影响你的职业决定。财务缓冲能让你从理性而非情绪化的非理性角度来管理职业生涯。理财顾问一般认为要存三到六个月的薪酬，在我看来至少存一年方为上策。这样才能在成功转行的同时还能支付账单。附录九是月度开销清单，可以帮你制定预算。

- ●协商薪资：获得升职或新职位时一定要进行薪资谈判。要成功做到这一点，请参阅第十一章。

- ●投资：只要符合条件，就投资养老保险或其他退休和养老金账户。为未来做好准备，就可以提前离开工作岗位或者退休。

你可能不认为自己会遇到一个意见相左的新上司，不觉得自己会失去职位，不会到一家即将倒闭或被合并的公司里，但这些事情每天都在发生。做好准备，制订合理的财务计划，一旦处于"过渡期"，就不用病急乱投医地去求职了。

现实生活中职业转变的成功故事

无论是在当前公司还是一个全新领域，换工作或转行都是件令人沮丧的事情。为了让你对改变有所预期，这里有四个成功转变的真实故事来激发想象力。故事主人公均使用化名。

不同公司的相同行业和职能

约翰在一家公司从事销售已有15年。他大学一毕业就加入了公司。工作一直做得很好，但多年来公司已决定改变薪酬和佣金计划。结果，尽管他工作更努力，总营收增加，销售额打破纪录，佣金和总报酬却逐年下降。另外让他沮丧的是，他把销售线索交给另一个地区的同事，公司却没有任何奖励。此外，由于公司难以留住销售经理，过去几年换了很多新上司，而且领导能力都不怎么样。

一天，当他向新上司表达沮丧时，对方回答说："你应该为自己有份工作感到高兴。"在那一刻，约翰决定不再优柔寡断，一定要去追求外面的职位。一年前，有位同事去了竞争对手那里，而且一直试图邀请加入，但约翰直到现在才准备好。他打电话给朋友安排面试。约翰做了所有功课，后来得到了一份收入颇丰的工作。

最终结果：约翰已经在新职位上工作好几年了，他很高兴找到了一家与自我价值观相同的公司并得到了经济回报。他对公司领导也很满意,他们精通公司业务,也照顾优秀员工。

具有相同功能的行业变化

哈里在美国东北部的一家直升机公司工作了25年。有很长一段时间,他和妻子都有意向搬到佛罗里达州居住,以便更靠近岳父母家,后来他们终于采取了行动。他的妻子是一名护士,很快就在医院找到了工作。然而,哈里却进退维谷。那里只有两家飞机制造公司,尽管简历上注明"有25年直升机制造经验的主管",也没能跟这两家谈成。与职业教练一起完成一些评估后,哈里的可转移技能变得清晰起来,他重新包装了简历和品牌声明。

当时,佛罗里达州的房地产生意兴隆。哈里当时也在建造自家房子,他开始和负责建筑的主管进行交流。哈里与主管做了一次信息面试后,觉得自己的项目管理、监督、库存控制和操作技能可以很好地应用于建筑业。在联系其他几家房屋建筑公司后,哈里得到了一份工作邀约。

然而,哈里对另一家公司更感兴趣,那里有个为期六周的培训项目,他认为这将有助于自己在这个新行业收获更多信心。在这家公司面试中成功推荐自己之后,他得到了一份很好的工作,多年来他一直觉得很满意。

最终结果:哈里在了解自身的可转移技能之后,才开始考虑在另一个行业工作。

改变职业

丹尼斯有图书馆和信息研究硕士学位,担任了14年的图书管理员。她在职业生涯伊始就为一所法学院建立过一座新图书馆,之后在公立学校系统担任了12年的图书管理员。然而,在背部受伤后,她意识到自己再也不能每年提起数百本书了,觉得自己的工作受到了阻碍,因此准备从事其他职业。

但她不知道下一步能做什么。为了明确目标，她和职业导师一起做了些评估，发现自己非常擅长技术，喜欢研究和教授他人。丹尼斯参加了当地大学的教学设计认证课程。她还联系了一家新成立的在线学习企业的合伙人，询问是否可以去见习，以便更多了解该企业并在一些项目方面有所帮助。对方很乐意帮助她，因为他们通过帮助他人也可以塑造品牌。

丹尼斯对于获得的新技能感到非常兴奋，这些技能非常合适，于是她做出了改变职业的关键决定。她还主动联系朋友让他们了解自己的新兴趣。其中一个朋友管理着一家人力资源公司，在她寻找全职工作的时候，聘用她在几家大公司担任兼职培训专员。

几个月后，丹尼斯在当地一家医院得到了一个学习技术专家职位，负责学习管理系统和培训员工。

最终结果：这个职位的技能和行业非常适合她，薪水立刻翻了一番。丹尼斯非常喜欢继续学习和掌握新技能，也积极参与当地的专业协会。

从公司到非营利组织的转变

金格在两家大公司工作了27年，担任经理和董事级别职位。第二次被裁员时，她确定想转换到非营利职位。她担任过多年志愿者，真心喜欢当董事，愿意在社区工作中有所作为。

了解到一家社会服务机构项目经理的完美职位后，她更新了简历，为非营利职位量身定制个人品牌。金格认为最大的障碍在于说服执行董事自己可以从一家大公司过渡到资源有限的小型非营利组织。然而，这不是问题，因为她曾经在资源有限的小部门工作过，了解其中的挑战。她是众多应聘者中的一员，其他多数来自非营利组织，凭借自己的可转移技能，她说服了执行董事和人力资源经理，最终得到了这个职位。

最终结果：金格成功地从公司转型到非营利组织。她的主要目标是在一个能为社会做贡献的环境中工作，而且她也喜欢在家工作的灵活性，那是过去没能享受的体验。她愉快地工作了四年。

总结

不确定性和变化是不可避免的。事实上，唯一确定的是改变本身。只要全面了解自身技能和偏好，明确做出改变的原因，你就可以掌控职业生涯。对那些警告信号保持警惕，如果是时候离开，就积极主动点，而不要等到自己被改变。

不管改变的原因是什么，请把本章描述的情况看作快速获得一份自己喜欢的工作的动力。

第十三章

如何升级自己

/维维安·海尔斯顿·布莱德

你渴望在事业上有所进步吗？不管是刚开始工作还是做过一段时间，只要觉得自己投入了时间，你可能就会期望事业快速进步。所以，有时候你会对原地踏步感到不耐烦。很多人说必须付出努力才能获得升职权利。这意味着在职业生涯中需要花时间为公司目标做出贡献，同时获得宝贵经验。本章主要聚焦于如何积累升职所需的宝贵经验。

领导们会说，职业道路的质量比时间更为重要。但从他们的角度来看，什么构成了质量呢？质量是教育和职业生涯中个人经历的价值——工作时间越长，职业生涯经历就越重要。

个人经历的价值体现在三个方面，也是求职和升职成功的关键：

- ●你贡献了什么？
- ●你能贡献什么？
- ●你如何管理职业生涯？

你贡献了什么

无论是通过外部招聘还是内部提拔，招聘经理都需要对你的工作能力有一定信心。最能说明能力的是简历、所任职位的面试以及你在学校和职场的经历。

考虑到人才职位，组织是在寻找学习和工作表现良好的人。他们想知道：

- 你到底完成过什么？
- 你以往的学习成绩如何？
- 你一般怎样改善情况？
- 你能解决问题吗？

个人故事的深层意义在于你身为学生、个体贡献者或管理者所做的改变，而非你所拥有的头衔或完成的任务。组织需要持续满足客户和股东期望，因此需要一个能够达成目标和取得成功的团队。

你能贡献什么

雇主们知道经历只是个人故事的一部分。越来越多的人力资源和招聘经理致力于评估如何把业绩记录转化为未来潜力。他们需要你在学校和职场积累的知识和技能，也希望了解你的职业道德和个性特征是否能够适应职场角色和组织文化。各种各样的评估往往被用来预测你是否契合特定角色和工作类型（参见第十章）。下面这个工作清单可以帮你回忆、组织和罗列自身值得关注的知识、特点和技能（表13-1）。这个工作清单类似附录二的个人日程工具，但它关注的是你能为雇主贡献什么，而不是索取什么。

表13-1 你的工作清单

在第一列中列出已有技能和经验,第二列中列出特殊知识和证书,第三列中列出最符合自己的性格特点。在"证明"部分中,列出每个清单项目的证明材料。

技能和经验	知识和资历	人格特征
例:教学、写作	例:经历和曾经获得的认可	例:外向而注重细节
证明:		

你能够做出的其他贡献多数需要通过"跑道"进行评估,也就是潜在领导和招聘经理在你身上看到的未来。他们是否相信你有潜力成长为一个责任持续增加的角色,并能在很大程度上取得成果?以下六个关键特征可用来评估你的跑道:

- 能够取得成果:你能否始终如一地取得成果?
- 诚信与价值观:当诚信的决定摆在面前时,你一定会去做正确的事情吗?你能代表公司的价值观吗?
- 可指导性:你是否愿意接受反馈让自己发展和成长?
- 发展技能和能力:你是否在培养技术能力和领导水平以发挥更大作用?
- 情商:与下属、同事和领导者的合作方式、参与方式、激励方式和影响方式说明了你交流和领导风格的发展方向。
- 代表理想的公司形象:你所代表的是公司想要的吗?你跟客户一起或在公开场合时,公司领导是否会因为你代表了其想要宣扬的精神而感到骄傲?

公司可以通过六个特征的评估来判断能否从你身上获得投资回报。能力、经验和跑道三者结合起来，就是你所能贡献的一切。

你如何管理职业生涯

许多专业人士在职业生涯中随波逐流，等待好事降临。他们在某个职位上耕耘已久，期望被选中去担任下一个职位。你可能有同样的误解——埋头苦干会让别人注意到自己。在评估人才和面试候选人时，领导者会寻找成就模式。你的职业之路是有意还是偶然？你是否在按照自己想要实现的职业计划一路扩展自身经验和技能？

你需要有意识地寻找机会，从而积累经验并培养成功和进步所需的技能。简而言之，你需要掌控事业。身边的人好像总能求职成功，总能得到升职。这些人其实不仅只是运气好，还有其他因素在起作用，影响运气的出现。你可能听过这句话，"机会总是留给有准备的人"，所以请确保自己做好了准备。本章将提供策略和资源，帮你充分利用已有经验获取所需经验，推动事业向前发展，让你同样得到幸运之神的青睐。

你需要什么经验

如果想得到录用或升职，就得让招聘经理相信自己能胜任某个职位，而且觉得对公司来说也是一项不错的长期投资。能够被选中，是因为你具备相关经验，可以证明自己已准备好从事这个工作。请注意"相关"这个词。为了确保在整个职业生涯中能够获得相关经验，请花点时间来确定自己需要哪些类型的经验来实现职业规划。你需要的经验应该既有助于培养基本职业技能，又有助于培养专业技术领域的专门技能。

培养基本职业技能

公司所招聘和提拔的员工一般需要具备整套基本技能。公司需要有准备好为实现目标做出贡献的员工。以下五项基本技能被认为是高绩效的标准：

● 问题解决者：主动识别潜在问题，并负责寻找和实施可持续解决方案。

● 负责：履行承诺。不会成为挑战的受害者，也不会让借口妨碍采取行动的意愿。与团队有效合作以达成结果。

● 持续超预期：全力以赴、始终如一地超越预期目标。

● 把事情做好：聪明地做正确的事情，识别并获取完成每项工作所需的资源。

● 以客户为中心：倡导为客户服务，确保通过由外向内、基于现实的视角来推动优先事项和决策。

这些基本技能来自学校和职场的各种经历。利用各种机会培养这些技能，最好建立一个跟踪记录用以证明。在学校和职场逐渐积累更多经验，这些领域的技能也会相应得到提高。职业生涯得到升职机会之后，你还将在这个工具包中添加领导能力。

根据公司的职位要求（表13-2），使用差距分析来评估自己所需职位的资历。这将帮你确定未来发展和职业规划的重点领域。

表13-2　差距分析

差距分析	
职位要求	我的资历
经验：	
知识：	
技能：	

续表

差距分析	
性格特征：	
教育和认证：	

来源：凯登（2015）

培养专门技能

除了基本技能外，还要确保自己拥有专业领域所需的专门经验和技能。展望一下未来的一个、两个甚至三个角色，这些职位需要什么样的经验和技能？

需要更多研究吗？以下一些资源可以让你了解感兴趣的领域涉及的工作类型、专业知识、技能和所需经验。

行业协会

行业协会是专业人士探索职业生涯的重要资源。许多公司都通过招聘委员会在那里发布空缺职位，希望找到具备行业经验的人才。在这里，你可以看到包括资历要求在内的职位类型信息和职位公告链接。你还能找到相关文凭和证书信息。可以进入www.directoryofassociations.com网站搜索所在行业或感兴趣领域的协会。

信息资源

有很多在线信息资源能让你了解不同行业和相关职业。O*NET OnLine（www.onetonline.org）、Career Builder（www.careerbuilder.com）、Experience（www.experience.com）和Indeed（www.indeed.com）等网站提供不同职业所需的技能信息、最新职业新闻、招聘信息、博客和其他资源链接。

学院和大学

无论你是在校生还是毕业生，学院和大学都会提供各种各样的资源。

●与职业介绍所合作：分发职业和资历方面的参考资料，给你提供有用信息。请尝试约见一位熟悉感兴趣行业和雇主的顾问。

●参加招聘会：公司派遣人力资源和其他成功的专业人士作为代表参加招聘会。这些人非常了解某些职位及所需的相关资格和经验。你也可以从他们的个人职业经历中获得实用见解。即使不在求职市场找工作，也要参加招聘会，参观摊位，看看宣传册，与代表们交谈并提出问题。

●参加面试准备研讨会：这些准备课程帮助学生为面试做好准备，主持人通常熟悉参加招聘会的雇主，也知道他们在寻找怎样的人才。

●利用校友网络：许多学院和大学在全国各个城市设有校友分会。你母校的校友办公室还可以帮你与同地区或某特定职业的其他校友建立联系。邀请校友喝杯咖啡或吃顿午餐了解他们的职业道路，并让他们就自己感兴趣领域所需的经验和技能提出建议。多数人愿意帮忙。

在社区内部

多数社区有以社交为目的的团体。这些团体是了解不同行业的好地方。搜索"本地社交群组"或访问Meetup（www.meetup.com），找到可以加入的本地群组。

在公司内部

如果你目前在职，甚至是个经验丰富的专业人士，那就有各种各样的内部和外部信息来源。

●信息面试：找到那些对你的职业道路感兴趣的同事。与他们会面了解日常工作情况，询问他们对角色取得成功所需的看法。关于信息采访的更多内容，请参阅第十二章。

●同事：公司内部谁的工作角色对你来说很有吸引力？请他们吃午饭，询问哪些部门、目标、日常责任、技能和工作经验对成功来说很重要。

●人力资源：像进行信息面试那样与人力资源经理进行讨论。他们了解公司信息和招聘经理需求。这么做还能让他们了解你感兴趣的领域，让自己有机会更新当前工作和业务贡献。

●你的经理：应该定期和经理进行职业讨论。通过这些会面，让他对你感兴趣的未来角色发表见解。如果不喜欢和经理谈论职业规划，那就谈谈如何提升自身技能为公司贡献更多价值。

●专业协会：你是专业协会会员吗？不妨加入本地分会建立自己的职业网络。去结识那些拥有你渴望工作类型的会员，问问他们是怎么做到的。如果有条件的话，他们会做出怎样不同的选择。

通过这项研究，你将获得大量关于所需经验的信息。展望自身职业规划和所需经验时，请思考自己是否需要调整计划中的步骤以实现最终目标。

积累经验

现在，你已经了解需要哪些经验，让我们来探索如何获取。你可能已经具备某些相关经验，可证明以往成就，也表明自己已掌握雇主所需的基本高绩效和专业技能。每次完成学校和职场的项目和重要任务后，请记下相关经验、技能和成就。随着时间推移，这些记录将帮你形成一个关于自身经历和影响的完整故事（请参阅第五章、第九章关于如何量化和分享成就的最佳实践）。请思考以下经验来源并举出相关实例。

在校期间开始

即使作为一个学生，你也可以为理想职业积累实际工作经验。在学校时你可能不认为有些机会可以获取经验，事实上，身边就有各种各样的机会。

学生组织

学生组织是获取经验的良好途径，因为他们不断地招募学生加入和参与其中。你可以竞选一个干部职位，甚至在任期内担任多个职位，主动去领导一个委员会或主持一场活动。这种机会有助于培养你的领导能力和组织能力。

社区服务

可以在非营利组织担任志愿者，短期和长期均可。这些组织通常需要志愿者帮忙为客户提供项目服务或为特殊活动委员会出力。有时他们需要在社交媒体或平面设计等方面具备特别技能的人才。联系这些组织，了解哪些方面需要帮忙以及自己能如何帮忙。如果你不知道去哪里当志愿者，本地的联合之路[1]组织和像www.volunteerconnection.com这样的网站上有很多当地组织的信息和联系方式。

---

[1] 编者注：联合之路（United Way，也叫"联合劝募"）是一家全球性的慈善机构，致力于促进世界各地社区的共同利益。国内主要分支机构是中华慈善总会（CCF，China Charity Federation），于1998年加入联合劝募协会，成为该组织中在中国大陆的重要会员。

班级项目

想想教授在课堂上布置过多少次小组作业。很多时候，学生们觉得这很烦人。请从另一个角度去看，把团队项目视为获取经验的机会，带头协调任务和会议。把每个人的作品整合起来成为有凝聚力的项目包，并在课堂上进行演示。即使不是组长，也可以影响团队效率并从经验中受益。看看自己能否使团队成员作为一个整体进行有效工作。

兼职工作

在校期间，找一份每周几个小时的兼职工作。即使与专业领域不匹配，仍然可以学会一些基本的专业技能。许多雇主会根据课程表灵活安排工作时间，UPS快递这样的公司甚至会帮你支付学费。

实习和合作

这是学生获取工作经验的另一个好选择。企业和非营利组织经常与学院和大学合作，为短期任务雇用学生。www.internships.com或www.experience.com之类的网站会列出工作机会清单。雇主一般寻找专业对口的学生。这种方式对双方来说是双赢的，前者可用较低成本得到人才，后者可以获得宝贵的实际工作经验和大学学分，有时甚至能拿工资。任务时长一般是一个学期，如果双方关系融洽，也可以扩展到多个学期。有些实习任务甚至有助于毕业后找到全职工作。一些网站发布带薪和无薪实习，www.internships.com和www.idealist.org等网站经常发布实习任务，带薪和无薪都有。

非营利组织见习

见习与实习类似，但没有报酬和学分。不要低估通过此类机会获取宝贵工作经验的价值。虽然只是从事志愿工作，但获得的实际经验可以丰富简历。如果意向公司没有提供专门的见习机会，你可能需要寻找机会并就具体安排进行协商。说清楚你想通过见习学习和收获什么以及自己能做些什么，这将有助于组织安排对双方都有好处和价值的经历。

工作研究

这种方式在校园内就可以进行，对上课和生活来说相对方便。寻找一些有实际责任的机会，这样投入的时间就会有回报。在开始之前，先了解清楚自己需要做的工作。

临时代理和自由职业者合同工作

可以通过临时代理机构找工作，或者通过在线服务（如Upwork、Freelancer、Guru、Fiverr等）找自由职业的合同工作。此类工作的优点在于只需短期投入。既可以反复与相同组织或个人合作，也可以与各种各样的客户合作，两种方式都可积累经验。（如需了解此类机会的更多相关信息，请参阅第十五章。）

在职业生涯中获得经验

或许你已身在职场，需要更多经验来继续职业生涯或改变职业道路。如何获得经验？在日常工作内外寻找机会。

很多职业人士通常不会充分利用机会在当前角色范围内扩展技能。相反，他们被常规工作所束缚，努力完成日常职责。必须有意识地寻找机会来提升经验。回到表13-2中的差距分析，再看个人发展所需的技能和经验。当然，精力不要过于分散，确保自己专注于履行工作职责。你可以尝试执行以下操作：

● 深化技能培养：考虑在当前职位上可以培养哪些技能。有没有什么地方可以让自己做得更好？有没有演示或者去项目组工作之类的机会可以利用？

● 增加责任：要求增加责任，以获得所需的具体经验或技能。

除了当前工作职责以外，你还经常可以在公司内部通过其他机会来获得经验。为了避免贪多嚼不烂，你需要在保持平衡的同时确定哪些机会能提供最佳体验。要乐于尝试。你经常可以找到更聪明的工作方法，以适应其中一些机会。

●特殊项目：这些项目一般用于实施公司的重要举措。告诉经理你为什么对加入项目很感兴趣。这些项目通常由高级业务主管发起或操盘。

●公司服务项目：许多公司通过赞助当地非营利组织的志愿者项目来支持社区工作。加入计划委员会或报名参加活动，这些都是发展自身技能的好机会。

●员工资源组：这些资源由公司提供，用来推动员工职业发展和提升员工参与度。可以担任常设或活动委员会的官员、主席或干事，你可以获取经验和发展技能。

●非营利组织和专业协会：非营利组织和专业协会通常需要拥有丰富技能的人才到董事会任职。成为董事会成员可能要通过更正式的审查，能够为组织找到急需的技能和社区关系。

●合同工或兼职：评估自身技能。你能为别人贡献什么？研究工作岗位，了解公司在哪些方面存在技能缺口。自己需要扩展哪些经验？如果想换工作，合同工或兼职都有助于积累新经验。兼职工作还可以让你了解新领域是否契合自己的兴趣和职业目标。

职场升职

随着经验的积累和相关技能的发展，你的自我定位也会相应提高。记住，你不会因为"轮到了"而自动得到升职。你必须在努力工作的同时保持头脑清醒，积极管理职业生涯，只有这样，机会之门才会为你打开。

掌握主动权

在事业方面往上爬意味着要掌握主动权。或许你跟许多专业人士一样存在误解，觉得经理应该对自己的职业生涯负责。即使在那些已经勾勒出职业道路的公司里，也不是每个人都能得到升职。一定要跟经理、人力资源经理、导师甚至其他领导及时沟通职业规划。除非人们了解你的技能和目标，否则他们不会知道如何帮你，或者什么时候该记住你。

考虑横向调动

另一种职业误区是，没有升职就意味着没有进步。有时候通过横向调动获得所需经验也是一种进步。把升职想象成"格子"或"攀岩墙"，而不要想象成梯子。高级管理人员通常担任横向角色，导致要么在职能领域拥有经验深度，要么在整个组织内拥有经验广度。像下棋那样尽量把担任横向角色看作一种战略性的举动，确定并找到那些能帮助自己提升技能和经验的角色。

总是竭尽全力

有时你会觉得自己所处位置不理想、所处地位不重要或者面临挑战不公平。在这种情况下，很难看到自己工作的价值并保持动力。不管身在工作岗位理想不理想，每天都应该做好工作。执行是升职的基础。公司必须保持竞争力才能在市场上蓬勃发展，而只有一个高绩效的团队才能满足这些需求。因此，他们寻求那些能够承担更多任务和更重责任的专业人士。

时刻做好准备：不断学习和成长

公司的市场动态总在变化——经济、技术以及客户需求。如果知识和技能停滞不前，就意味着你没准备好为公司贡献所需。你还需要提升和扩展技能，为更高层次的职位做好准备。

与经理一起确定哪些培训和发展适合自己，搞清楚公司愿意支付多少费用。实质上，自我发展也可以被看作一项个人投资，所以自己也应该愿意支付一些培训项目费用。

管理名声

不管意识到与否，你都有自己的声誉，或者通常所说的品牌。你了解自己的品牌是什么吗？它能代表你想要和需要的吗？在考虑升职问题时，领导者会评估你是否拥有他们想要投资的品牌。有关品牌管理的详细信息，请参阅第六章。

主动出击

除了声誉以外，决策者还必须对你的技能和能力抱有信心。有意识地创造机会——无论日常职责内外——使这些战略联系和经历得以实现。在平常的社交网络之外寻找资源来完成工作。参与一些特殊的项目，与其他专业人士和领导者建立联系，否则你没机会与他们共事。

你还必须有意识地决定如何现身和投入工作。最近，我到一家快速发展的科技公司采访其工程总监。她注意到，在开会时，一些初级女性专业人员会坐在靠墙位置上，而不是围坐在会议桌边，那会立即削弱她们在讨论中发挥作用的价值和能力。还有些人虽然坐在桌子旁，却什么也不说。这能给别人留下什么印象呢？一定要有意识地与他人互动，展示自身能力。

建立关系

人际关系对升职起到关键作用。你应该听过这样一句话："重要的不是你认识谁，而是谁认识你。"我认为可以再补充一下："……以及对你的认识程度。"你需要一个认识和了解自己的人际关系网。有三种关系尤为重要：熟人、盟友和支持者。

- 熟人：指你在公司内外认识的人，可以向他们咨询信息或建议。要有策略地确定自己需要与哪些人建立关系。
- 盟友：指和你有很强工作关系的人。盟友可以处于组织中的任何级别，并能在你需要帮助解决问题时伸出援手。
- 支持者：指那些愿意向别人推荐你的人，因为他们知道你工作出色。

建立战略关系网

列出当前已有的关系，思考与每个人发展的关系类型，从而建立自己的战略关系网（表13-3）。然后，使用表13-4进一步完善战略。

表13-3　识别战略关系

姓名和职位或角色	当前关系类型 （熟人、盟友或支持者）	希望关系类型及原因 （熟人、盟友或支持者）

表13-4　关系战略计划

列出盟友。你能做些什么来进一步促进这些关系？如何增加价值？	
盟友	如何进一步促进这些关系？
1.	
2.	
3.	
列出支持者。你能做些什么来确保他们能继续支持？	

续表

支持者	如何获得持续支持？
1.	
2.	
3.	

是否需要建立一些熟人或盟友的重要关系，以改善工作业绩？自己能给这段关系带来什么好处？

潜在的熟人和盟友关系	战略好处	我能给这段关系带来什么？
1.		
2.		

需要对哪些敌对关系给予战略关注？造成紧张关系的原因是什么？可以采取什么行动进行改善？

敌对关系	可能原因	可以采取的行动
1.		
2.		

执行计划的时机是：

衡量进展的方法：

公司环境导航

公司环境很复杂，有各种正式和非正式的流程和关系以及大量办公室政治。你需要有人帮助导航。导师和赞助者在你的职业生涯中都是重要的关系。

导师——上级、同事甚至下属——可以帮你了解公司环境，避免职业上的错误。导师的主要目的是在特定发展领域给予帮助。首先，确定一个自己可以得到帮助的发展领域，以及希望实现的具体目标或结果。然后，确定该领域专业的潜在导师。在制定策略来增加商业知识或提升领导技能时，可以请一位资深导师分享经验并提供反馈。同事或下属也可能会帮你学习新的系统或技能。安排时间与潜在导师见面，看看谁可能愿意助你一臂之力。即使不能立刻打通，也应该打电话给对方，请求会面。不要发送电子邮件、短信或即时消息。谈话时告诉对方，你想找一位与职业目标相关的导师。

赞助者，也称为捍卫者，通常是了解并相信你潜力的高层领导。他们在组织中有一定影响力，成为你的推动者，公开谈论你的履历及他们看到的能力。当他们谈论你时，其肯定程度和热情程度会严重影响他人对你的看法。请经常在有影响力的领导中寻找机会展示自身能力，其中可能有潜在的赞助者。

在成功确定公司环境之前，必须了解组织层次结构。所在组织是否把工作分类到不同档次或级别？自己渴望获得的职位处于哪个组织层级的什么位置？了解这一点，将有助于搞清楚自己所设计的职业道路是否能实现目标。

你还需要了解公司如何做出人才决策以及怎样投资人才。公司通常会有领导力发展项目来培养、发现高潜力人才，参加这些项目通常会使得未来的晋升一帆风顺。如果领导认真考虑提拔，你的个人资料将成为人才评估过程的一部分。如果你懂得人才评估是怎样一个流程，就会知道如何去影响这个流程。这就是为什么拥有战略关系是如此重要——你希望领导者关注到自己本身、了解所做的贡献并相信潜在能力。

员工资源组是帮你在企业环境中确定位置和方向的宝贵资源。各种职业发展和职业管理主题的社会活动、方案在这里都有，而且往往由高层领导提出。参加这些团队活动有助于拓展交际网，你将能够与其他内部网络的专业人员联系，这些专业人员深谙公司的环境和规则。活动期间说不定还有机会与高层领导会面和交谈。

保持正轨、反思和重新评估

有些时候，需要退后一步，看看事情进展如何，并评估自己是否能按目前的计划实现职业目标。与计划相比，进展如何？规划的职业道路还有意义吗？需要进行角色或时间调整吗？在当前公司可能实现目标吗？是否需要到别处工作，以积累更多经验或信誉？个人价值观和职业目标是否仍然符合公司的价值观和需求？

总结

确定目标，确定自己需要做什么来实现目标。职业道路不会是直线上升的，在取得成功所需经验的过程中，总有迂回曲折。

获得经验能让你在职业生涯中取得进步，经验本身的价值也很重要，因为它能证明你的能力和潜力。评估自己从已有经验中学到的技能，并与上司、导师或赞助者交流。有策略地利用现有机会来获取更多经验。

要取得进步，绝对不要仅仅埋头苦干。在管理好职业生涯的基础上，时刻做好准备，时刻竭尽全力。彻底了解自己所处的环境，这样才能游刃有余地建立和利用企业世界中的人脉关系。

第十四章

职业进修

/大卫·霍斯默

我们都有权管理好自己的职业生涯。无论处于其中哪个阶段，一定要心怀目标。如果你已经设定全面的职业目标（第四章）或者决定跳槽（第十二章），本章将教你怎样通过职业进修获得新文凭。

通过权衡职业发展选择，你需要确定自己是否需要接受更多教育或取得更多文凭。在本书序言中，迪克·鲍利斯提到至今总是连在一起的事物——开始断开连接。在人们的想象中，教育发生在教室中，里面有一位老师和一群学生。在实践中，教育与这种想象越来越脱节。本章主要阐述如何通过超越传统的学习方法来实现职业发展目标。

无论选择什么职业道路，获得职业学位或认证都有助于促进发展和强化资历。在某些情况下，它们是成为特定工作合格候选人的起码要求。幸运的是，从传统实体机构到灵活的虚拟机构，再到二者的混合方式，几乎每个行业都有大量的职业发展资源。本章内容将帮你了解基于传统课程的学历教育与自主选择的非学历培训之间存在的差异。通过比较其中利弊，你就会了解哪些选择更适合自身情况。

需要文凭吗

要回答的第一个问题是，是否必须有文凭才能进入所选领域或取得进展。以下几种情况是需要文凭的：

● 职业目标要求学习特定课程以获得许可或认证：会计（CPA）、律师（JD）、医疗职业（RN、MD、PT）或专门行业（管道工程和高级电工）。

● 必须满足特定要求，才能在职业道路上得到目标职位。

● 获得高级学位之前的先决学位，比如在攻读硕士学位之前必须取得学士学位。

● 需要在当前能力范围之外学习新材料，以促进职业转型或在特定学科获得更广泛或深入的知识。

你的所在领域有学历门槛吗？需要较高级别证书吗？如果不确定，可到以下两处去找答案：

● 美国联邦劳工统计局负责维护的"职业展望手册"网站包含各种职业信息，包括学历门槛要求。

● 美国劳工部维护的O*NET OnLine网站提供各种已有的和新兴的职业信息，包括典型学历要求和从业人员学历统计。数据时常更新且覆盖范围广阔。

随着许多领域的迅速变化，最新的学历和经验要求可在雇主的具体招聘广告中找到。www.indeed.com和www.simplyhired.com等求职网站也是了解当前就业市场和具体职位要求的丰富信息来源。

在高增长领域或新兴领域，如果入职无须法律许可，那么工作要求往往相对宽松。如果行业增长率逐渐降低或者行业需求趋向饱和，那么工作要求往往会变得更加严格。

能够改善工作前景或薪酬吗

有些职业领域要求具备硕士以上学位，有些则没有硬性要求。例如，市场营销、销售和财务领域的管理职位（取决于级别）无须硕士学位。根据美国联邦劳工统计局的数据，2013年，51%的营销销售经理和41%的财务经理拥有学士学位，而拥有硕士学位的比例分别为17%和19%。与之相对，护士麻醉师和护士从业人员要求至少拥有硕士学位和后续州颁执照，另外还要通过全国认证考试。

工作职位通常对文凭没有硬性要求，但文凭可以改善工作前景。美国联邦劳工统计局和O*NET OnLine在这方面仍然非常有用。O*NET的职业简报提供了领域从业者的学历百分比。如果超过50%的领域从业者拥有硕士学位，你就会成为少数派，但这并不意味着无法得到录用。

要判断文凭在所选领域是否有价值，一种方法是与当前从业者进行交谈。你可以进行信息面试（见第十二章）、向领英或其他在线群组提问、参加相关专业协会的地方分支会议。有些专业协会还调查会员情况，以确定教育程度如何影响薪酬和职业发展。

学位会对薪酬产生影响吗？对某些人来说这是个重要问题。简而言之，是的，教育程度越高，薪酬也就越高。例如，美国联邦劳工统计局发现，在选定的教育职业中，拥有硕士学位的员工薪酬比学士学位高出14%至44%。类似的是，医疗和社会服务行业的硕士学位员工薪酬比学士学位员工高19%到44%。值得注意的是，并非所有医疗保健和社会服务行业的硕士学位薪酬都比学士学位高。明智的做法是，在将宝贵时间和金钱投入正式学历文凭之前，先自行对薪资范围和学位之间的关系进行研究。

有哪些选择

如果根据目标工作要求确定自己需要进一步的职业发展，接下来就是决定选择哪种教育。好消息是，可选学习机会众多，可以根据自身具体需要制定学习策略。选择既取决于自身标准，也取决于你是否需要正规的教育机构证书来实现职业目标。

学位及证书类别

许多职业需要相关学位或证书。因想要工作的行业、职业和公司不同，要求也有所差异。例如，如果想当校长，所在州的教育委员会要求获得教育学硕士或博士学位。如果想成为一名全职大学终身教师，就需要有博士学位。如果只是想教授在线课程或社区大学水平课程，那么硕士学位加相关领域经验已经足够。副教授通常只需硕士而非博士学位。高中教师要求具备学士学位和许可证书，当然硕士学位更有利于在私立学校找到工作。

一定要先搞清楚特定学位的用处和自己打算在学业上走多远，避免把时间和金钱花在对自身职业道路没用的学位或文凭上。

社区大学学位

社区大学学位通常需要至少两年的全日制大学学习。它高于高中文凭或普通教育文凭，但低于学士学位。其中既包括文理科社区大学普通学位，也包括护理等职业学位。美国联邦劳工统计局列出了40个需要社区大学学位的职业，包括职业治疗助理和物理治疗助理这两个需求增长最快的职业。

学士学位

学士学位通常需要四年时间，可以让你为某个特定职业做好准备,比如计算机科学或更常见的文科教育。学士学位有时被称为新高中文凭,因为它是许多专业和初级职位的门槛。获得四年制学位并不能保证找到工作,而不断上涨的大学学费也让一些人感到不值得。

证书

一年或更短时间内取得的证书可以为已获文凭或学位的人提供专门培训。对于像家庭健康助理那样需要快速学习特定工作知识和技能的人,它们也很有帮助。许多大学的扩招部门和继续教育部门提供这种证书。

O*NET OnLine和"职业展望手册"这两个网站上也提供有用证书及培训课程指引。你还可以看看所在领域的行业和职业组织是否提供相关认证。

请注意,证书并不等同于许可。美国语言听力协会有明确说明:

> 专业认证是一种自愿程序,非政府实体在核实个人是否符合预定程序化标准后,在一定时限范围内承认该个人证书的有效性。
>
> 美国语言听力协会的临床能力证书就是一种专业认证。证书项目则属于基于特定主题的培训计划,参与者在完成课程并通过考核后获得证书。

在探索证书和认证时,要小心营利性在线大学和学校代表的强行推销。其中一些人在集体诉讼中被判有罪,原因是他们采取了咄咄逼人的策略迫使潜在申请者入学。然而,对于那些不愿接受完整学位课程严格要求的人来说,要获得更新或更深层次的知识,证书是个明智选择。

硕士和博士学位

硕士学位在学士学位之后,通常需要在特定领域进行一到两年的深入学习，比如工商管理硕士、图书馆学硕士、公共卫生硕士、教育硕士或工程硕士等。

研究生学习的最高学位是博士学位，比如教育学博士、法学博士和哲学博士等。

职业认证及执照

职业证书和执照是指在完成一个学习项目后，为从事某职业而获得的证书。这通常必须满足联邦和州当局（许可委员会）的相应专业执照要求，即至少两年的大学前工作和至少六个额外学年的学习过程，比如兽医、牙科、法律、医学、药剂学和验光学等。

其他认证要求完成特定标准，包括经过验证的知识、经验和应用技能。这些认证是由学院、大学以外的可信专业领域和行业组织举办并授予的，它们不是执照。此类认证包括人才管理领域的学习与绩效认证专业人员和人力资源高级专业人员。美国劳工部在www.careeronestop.org网站上发布了一个这方面的综合数据库。

某些专业证书和执照有期限，需要到继续教育单位缴费学习才能续期。

应该选择哪个

如果决定申请更多文凭，你会发现有很多正式的学习选择。可以使用文凭决策矩阵来简化选择（参见表14-1中的示例）。在顶部列出条件，左侧列出文凭选项。然后，根据每个标准评估不同文凭并在相应的框中打钩。完成后，你就会更清楚哪个是最佳选择。如果喜欢使用与此处不同的标准（如地理位置、在线访问和认证状态），那么该矩阵需要进行修改。把那些对自己来说不太重要的标准替换掉就可以了。

表14-1　文凭决策矩阵

职业目标：确保教学设计岗位
当前资历：不相关领域学士学位和工作经验

标准	选项1：硕士学位	选项2：大学证书项目	选项3：协会或慕课的在线课程
必需资历	否	否	否
优先资历	部分为优先资历；65%拥有硕士学位	部分为优先资历	少有提及
成长或前景	好	好	好
对薪酬的影响	或有额外薪酬；平均工资为6.1万美元	有助于要求额外薪酬	不详
所需费用	3万美元	1.5万美元	3000美元
所需时间	1年	6个月到1年	3个月
可用于其他文凭	是，但或不必要	是取得硕士学位的前提	也许可用，取决于具体项目
其他考虑	或需全日制完成	夜校	非当面教学
总分			

紧急学习选项

过去几年，劳动力市场、技术、工作与生活之间的平衡这三方面出现了前所未有的趋势，为人们提供了新的学习方式。"人机耦合关系"，正如迪克·鲍利斯创造的这个说法，使职业发展比以往任何时候都要更容易管理，灵活的选择让你能够实现个性化学习目的。然而，伴随如此多选择而来的是复杂性和令人难以置信的一系列选择。下面就来总结一下传统学术课程以外，任何人都可以免费参与的其他学习选择。

教学设计示例

假设你已决定从事教学设计工作。在有相关经验但没正式文凭的情况下，你可以采取哪些步骤来确定自己该怎么做？

第一步是访问 O★NET OnLine 搜索教学设计，网站会生成一份教学设计和技术人员总结报告。报告显示，该领域有"光明的前景"，意味着该领域对专业人士有需求。就业增长预计为 5%～8%，未来 10 年将有 2.5 万个空缺职位。这是健康的增长。平均年薪为 6.1 万美元，该领域 65% 的从业者拥有硕士学位，其余为学士或更低学位。总结报告中还包含全国许多学位课程和培训选项的链接。

然后搜索 www.indeed.com 网站上发布的职位，可以找到 1.7 万个空缺职位将教学设计列为必要技能。报告表明，硕士学位非必需，但可用来代替多年工作经验。根据招聘信息，要求似乎比较灵活。

接下来搜索教育和培训选项，你会发现包括：

● 教学设计或学习技术硕士学位
● 大学证书项目
● 来自美国培训与发展协会等协会的证书项目

你的研究表明，硕士学位需要两年才能完成，而且成本高昂（每年 3 万美元以上）。大学的证书项目费用较低，可以在一年或更短的时间内完成。此外，如果将来决定攻读硕士学位，可以在证书项目中选择一些课程充当硕士学位的学分。另外，还有些知名协会可以帮你入门，但无法申请学位。

你可以进一步探索提供培训的三个证书项目，并要求每个组织提供校友列表，通过交谈来了解更多。

慕课

慕课（大规模在线开放课程）一词于2008年首次出现，并已成为一种流行的、开放的、无限制参与的免费在线学习模式。2011年，斯坦福大学设计和引领了首期慕课，参与者达16万人。随后，许多大学推出各自的慕课版本，如麻省理工学院的开放课件。慕课提供商站点与课程数量迅速猛增。耶鲁大学在各种在线平台上提供课程，包括Coursera、iTunes U、YouTube和Open Yale课程。edX是个学术机构的合作项目，在人文、数学和计算机科学等学科提供超过950个课程。此外，Udemy（www.udemy.com）、Class Central（www.class-central.com）和Udacity（www.udacity.com）等网站也便于使用。

如今，世界各地大学都提供母语版本的慕课，点击一个按钮就可以转换成英语。例如：

- 阿里巴巴和北京大学共建的"中国慕课"平台
- 女王拉尼亚基金会发起的阿拉伯慕课平台Edraak
- 法国国家慕课平台法国数字大学

慕课基本上是种免费资源，用于探索无限主题和兴趣领域。它们使用方便自由，自定进度，在家里和移动设备上都可以学习。世界各地用户可以相互交流。此外，一些课程由常春藤名校教授主持。不过要注意，有些网站鼓吹"免费的"在线课程，但在注册时需信用卡付款。既然有那么多开放课程可供选择，付费其实并不必要。

很多雇主不会把慕课看得像传统学术课程那么重要。跟任何新事物一样，这种情况可能会随时间的推移而改变。目前，慕课还无法取代公认的文凭，但是，可以把它们当作职业发展的补充。有些慕课虽然提供证书（不要与前文提及的认证相混淆），但也不是学位教育。

不管怎样，慕课为狂热的学习者提供了丰富的内容和吸引人的体验。

在线教育

除了慕课，其他在线课程也为学习和获得学位提供了便利。除了传统的当面授课以外，许多学院和大学还提供在线课程。这些项目能让参与者得到大学学位，只需要很低的到课率，有些甚至无须踏进校园。参与者通过虚拟课堂形式参与对话。www.geteducated.com网站提供了经过认证的在线学位课程。与慕课一样，并非每位雇主都把在线学位当回事，但越来越多的雇主意识到，在线学习是现代社会一种合适的教育模式。

微型学习

持续学习并不是非得有课程表或课程。微型学习是另一种新兴策略，已经成为快速现场学习的流行手段。潜在主题几乎是无限的——从如何种植草坪到通信模型，再到如何为组织创建战略计划。YouTube网站上有很多采用这种学习方式的资源。

教学设计师也将微型学习作为设计策略的一个组成部分。微型学习有许多好处，其中包括以学习者为中心、即时可用、可访问、节约时间和成本以及有可保留的丰富媒体资源等。微型学习可以作为正在进行的职业发展计划的补充，尤其是在这个内容瞬息万变的动态世界中。

非学术成就学分

你想花更多时间学习已经懂得的东西吗？传统课堂之外的学习经历可能有资格获得学分。通过以下四种方式，成人学习者能够凭借以往学习和工作经历获得教育学分。

以往学习认可

以往学习认可是对以往经验学习、以往学习评估和以往学习评估与认可进行认证的统称。以往学习认可是成人学习中心、学术机构、军事组织和全球其他组织用来评估传统课堂之外学习的过程。它通过一整套标准或能力来评估个体在特定领域所拥有的技能和知识。实质而言，以往学习认可满足个体愿望，支持人们用以往经验来取代申请大学学位所需的学分。可以通过志愿者工作、有偿或无偿就业、标准化考试和雇主提供培训等方式获得以往经验。请确保自己拥有了一个已经完成的学习经历和课程组合，作为提交申请的记录。

成人与经验学习委员会（CAEL）负责将工作经验转化为大学学分。

转移在其他院校获得的学分

许多大学和学院承认在其他认可学院所获得的学分并将其作为预科课程。课程内容、最低分数、认证和时间框架等标准通常可以在目标大学的网站上找到。

标准化考试

如果你精通某门课程的特定主题内容，比如一门语言，多数大学会允许你参加考试。这方面最常见的标准考试包括：

- 大学程度考试计划
- 大学会考
- 托马斯·爱迪生学分补考计划
- 非传统教育支持的防务活动
- 大学先修课程

每门考试测试特定主题的熟练程度。目标大学接受的考试将在其网站上列出。

非学术学习

另一种获得大学学分的方法是利用职业发展计划、雇主培训、军队和专业协会的非学术学习。美国教育委员会批准了其中许多项目，还为寻求美国军方正规课程和职业的人员单独提供了一个页面。

总结

虽然有这么多的学习选择，但并没有哪个职业发展计划可以放之四海而皆准。事实上，你的策略应该是结合个人经历和教育背景以满足自身评估需求。大学学位不是万能的，也不能取代工作经验。职业发展也不总是需要正规教育。例如，你可以和经理一起制订个人发展计划，以获得与雇主目标一致的宝贵经验。这有利于提升履历以及对团队和公司的价值。通过自我评估来确定职业和发展目标既很必要，也很值得。

如果确定需要新文凭，不妨使用决策矩阵来匹配各种选项与自身条件，从而缩小关注范围。在这么多传统和新兴选项中，本章提到的在线数据库和网络资源将有助于进一步缩小选择范围。

学习是持续的，可以是正式的，也可以是不正式的。谨慎、成功、有事业心的专业人士会不断评估自身履历，以确保自己为职业生涯的下一个里程碑做好准备。

第十五章

自己创业和包工

/芭芭拉·塞弗特

到目前为止,你已经学会如何识别自身技能和才能,如何制订并贯彻求职计划,如何打造备受关注的完美简历以及如何通过面试获得工作。也许你进入职场已有一段时间,下一步呢?你可能会自问,是否应继续当前的职业道路?也许退休就在眼前,或者还没决定下一步怎么做。本章提供了一些备选方案,以供你在继续规划职业生涯和职业发展时参考。自主创业和交替工作安排可以让你充分利用自身的技能和才能,并据此获得收入。

当前工作环境

过去10年间,工作世界发生了巨大变化,一些挥之不去的因素将继续影响人们寻找和执行工作的方式。今天,自营职业也被称为按需工作、零工、合同工作或自由职业。这些替代工作和赚取收入的方式是怎么来的?有四方面主要影响:

第一种影响是,由于最近的大衰退期间经济复苏缓慢,数百万人失去了工作,许多人目前仍然失业。那些从裁员中幸存下来的员工现在必须学会做更多的事情:用更少的时间、更少的资源、更少的人员。虽然他们可能对保留工作心存感激，但很快开始感受到这种超负荷影响。劳动力市场由雇员驱动转变到雇主驱动。有了这么多的求职者，现在的雇主可能会有选择性地保留和聘用部分。不少本已准备退休的人看到退休账户缩水，又改变主意继续工作或求职。随着压力的增加和福利的减少，工作场所的员工离职率达到70%，2016年才下降到67.3%。

千禧一代和互联网一代进入就业市场（这是第二种影响）之际，婴儿潮一代仍在劳动力市场中继续存在，这是第三种影响，第三种影响也在界定工作角色。一些研究表明，年轻员工较少受到公司晋升制度的吸引，更多地被"格子"型职业发展结构[1]吸引。"格子"型职业发展结构不那么等级森严，可以更好地平衡工作和生活。

对工作定义的第四个影响是技术对公共和个人系统与过程的革命性影响。移动设备使人们能够以前所未有的方式进行连接和工作。全球化已经成为劳动力的发展方向，而技术是二者之间的桥梁。一方面，世界各地的人为同一家公司工作比以往任何时候都容易；另一方面，技术进步导致了一些行业的经济混乱。这一切都为求职者带来了一个充满机遇、可能与挑战的新世界。

替代工作安排

一般认为，替代工作安排是基于工作场所的，其中包括弹性工作时间、分担工作和远程办公。但是，替代工作安排也可以是面向员工

---

[1] 编者注："格子"（Lattice）型职业发展结构，也叫"点阵"型职业发展结构。格子型公司通常被认为更能适应当今的全球商业环境，它标志着从工业时代到知识经济时代思维方式和观念的转变，也代表了当今成功的机构组织多样性、灵活性和广泛性的特点。这种结构模式能让个人职业生涯的发展更具多样性，适合不同类型的职业发展需求。

的，比如自营职业（或创业）、合同工或兼职工作以及利用技能和经验获得多种收入来源。

这些都是可行选择，各有利弊。在做出任何决定前，要对每个选择持开放态度。记得在工作日志里做笔记，尽量捕捉到任何相关想法。

自主创业

你为自己工作。创业可以雇用别人，也可以只雇用自己（有时称为"个体户"）。业务可以走两条路线：

- 基于产品
- 基于服务

基于产品的企业需要在实体店（如餐馆或商店）销售实际产品，人们付费购买。在这些类型的企业中，创业需要投入很多资金，还需要强大的市场营销攻势并雇用员工。本书没有把重点放在这一方面，但我们知道这是个可行的选择。

要离开朝九晚五的工作，最简单快捷的方法是创建一个基于服务的企业，为消费者（如遛狗者）或企业（如咨询或营销服务）提供服务。基于服务的业务可以在家里、在独立办公地点或者与其他小企业共享空间。

基于服务的业务以服务换取费用，人才、知识或以往经验可以转化为人们需要并愿意为此支付金钱的服务。最常见的一些服务包括咨询、指导、培训、演讲和写作。

咨询

自谋职业的主要方式之一是辞去公司工作，成为一名顾问。具有专业知识的人进入企业，充当第三只眼睛来发现问题或隐忧。顾问帮助公司解决问题，提升业绩和盈利能力。可能有很多次，你看着一个工作环境想："如果我负责的话，可以把事情做得更好。"这是人们离开工作岗位自主创业的原因之一。

顾问独立工作，帮助各种规模的组织解决各种问题。要想成为一名成功的独立顾问，你需要具备所需的专业知识和足够的经验，为潜在客户提供可靠建议。

来看一些实例：

- 约翰曾是一位项目经理，现在在工业公司担任顾问，以确保项目按时完成。
- 丽莎曾是一位人力资源总监，现在帮助其他人力资源部门制定政策、程序和系统以确保合规性，并监督出现的任何问题。
- 卢克本来从事质量改进工作，现在帮助小公司制订质量改进计划。
- 杰克专注于变革管理和组织发展活动，他建议非营利组织更有效地管理变革。
- 詹妮弗创办了自己的咨询公司，现在专注于帮助新顾问和企业主创建公司。

以这种身份工作时，你可以选择提出建议，然后将工作交给组织，也可以直接参与其中。这取决于组织需求和你的参与方式。

如果决定走这条路，下列专业协会可为你提供有用资源：

- 美国管理顾问学会（www.imcusa.org）
- 专业顾问学会（www.spconsultants.org）
- 职业顾问协会（www.professionalconsultants-

association.org）

指导

自谋职业的另一条途径是面向个人的一对一指导实践。在形成这类业务时，需要考虑到细分领域，例如：

- 业务指导，帮助个人创业或为小企业提供咨询。
- 高管指导，与个人表演者、团队合作，参与领导力培养。
- 生活指导。
- 健康和幸福指导，通过减轻压力、健康饮食和个人发展，增强员工的身心健康。

为了在市场上获得信誉并确保自己拥有成为成功教练的技能，你可能需要在自立门户之前考虑获得教练资格证书。教练资格证书种类繁多，国际教练联合会是个很好的起点。国际教练联合会负责制定领域标准，并审批各种组织提供的教练项目。

培训

培训是自谋职业的另一选择，主要指进入一个组织提供各种主题的研讨会和讲习班，包括沟通、冲突管理和时间管理。你也可以举办自己的研讨会和工作坊，邀请其他人到某个地点参加培训。通常情况下，提供培训服务的人员都有擅长的细分领域，从而确保其提供培训的可信度。

培训也可以在线进行，比如通过Skype、电话会议和网络研讨会等形式。这样可以让更多人参与进来，让你拥有更广泛和全球化的影响力。制订培训计划和课程是扩大影响力和增加收入的两种方法。

演讲

演讲指在公司，大学，大、小会议上发表主题演讲或做报告。这可能是一条非常有利可图的职业道路，如果你在自身领域有良好声誉且广受尊重，就可以凭借服务收取高额费用。如果精通演讲，还可以通过指导别人成为更有效的演讲者来发展业务。

写作

自由撰稿人为在线和印刷出版物、专业协会、在线目录和书籍、电子书、白皮书和自己的博客写作。另一种发挥写作技巧的方式是为别人写作，比如付费代写或创建培训项目。编辑他人的作品，如书籍或期刊文章，也属于这一类。要了解更多相关信息，可关注作家圈（www.writerscircle.com）、自由撰稿（www.freelancewriting.com）或UVOcorp（www.uvocorp.com）。

合同工作

从全职工作转向更灵活的工作，另一种方式是合同工作，可能需要直接为一家或几家公司工作或成为独立承包商。

合同工不会被当作全职雇员，即便全职工作也无法得到同等福利。应该在接受工作前明确安排情况。通常情况下，小时薪酬应该比普通员工高得多，因为你需要为自己的福利买单。在考虑合同工作时，要确保提议工资足以支付包括健康保险和自营职业税在内的开支。根据经验，要做到收支平衡，合同工的工资应是普通全职员工的两倍。查看附录九月度开销清单，以帮助你确定一个涵盖所有费用的支出明细。

还有一些可以合作的公司，他们付钱让你成为分包商。公司出面获取和协商合同，然后雇用员工完成。雇用期限取决于合同期限，从一个月到一年（或更长）不等。如果你的工作做得好，广受好评，也可以把它转为一份全职工作。如果决定与公司合作，可以查询美国人力资源协会的会员名录,找到本地的合适公司。

与联邦政府签订合同的公司往往会提供成为分包商的大机会。在这方面,小企业管理局(Small Business Administration)、联邦商业机会(Federal Business Opportunities)和供应商连接(www.supplier-connection.net)是三个很好的资源。另一种从事合同工作的方法是自己动手。把自己作为独立承包商推销出去,这意味着你要对自己的纳税和报告负责。独立承包商和顾问的不同之处在于前者通常需要持续履行实际工作,与后者解决具体问题或给客户提出改进业务建议的咨询工作正好相反。与咨询相比,寻找合同机会涉及的营销活动较少,通常是短期行为。尝试建立一个工作档案并积累一些可靠证明,将非常有助于保持"在职"状态。可以去以下网站寻找公布的合同工作机会:FlexJobs(www.flexjobs.com)、Freelance(www.freelance.com)、Guru(www.guru.com)、Upwork(www.upwork.com)、Sologig(www.sologig.com)、Mindbench(www.mindbench.com)和JobCrank(www.jobcrank.com)。

从事合同工作的最后一种方式是成为产品或程序(如软件程序、评估或培训包)销售公司的分公司或合作伙伴。在这种模式下,你通过向组织推销和销售程序而获得报酬,其中主要是佣金。对于有些公司,你还可以提供程序相关的初级培训,并在出现问题时前去检查和指导。多数公司都有这种分销项目;看看自己正在使用的程序或应用程序(如Microsoft Office、Kapersky、AWeber、Amazon或eBay),或者看看自己的关注或学习对象(如Tony Robbins或Everything DISC)。这些公司愿意付费宣传其服务的相关信息。

几个兼职工作

如果不想在自谋职业时选择全职工作,也可以选择几份兼职工作,这可以取代甚至超过全职薪酬。在有些公司,你还可以按比例享受福利。在两家甚至更多公司工作的好处是它们可能存在互补性，或因不同行业和主题给职业生涯带来良好的技能多样性。在工作过程中，你可以持续积累经验并为几个组织的成功做出贡献。要寻找兼职工作，可访问FlexJobs（www.flexjobs.com）、Indeed（www.indeed.com）、Snagajob（www.snagajob.com）和Craigslist（www.craigslist.org）。

组合职业

使用自身技能和才能创造多个收入来源，这有时被称为组合职业。以下是一些组合职业示例：

- 担任人力资源部门工作的同时兼任顾问。
- 在晚上做教学工作的同时承担一份全职或兼职工作。
- 承担全职或兼职工作的同时做承包商或自由职业者。
- 运用写作技巧为演讲者、教练或顾问完成项目。
- 利用课程设计经验为学术或图书出版商编辑和提供反馈。

特许经营

独立就业的第五条途径是购买和经营特许经营业务，也就是作为特许经营者购买在本地开设和经营一家大型企业的权利。著名的特许经营业务包括麦当劳、星巴克、好事达保险和CrossFit健身。行动教练、成长教练、跨国商业顾问或复兴行政论坛等属于知名度相对较低的商业特许经营业务。

购买特许经营权的好处在于你可以得到：

- 系统和流程到位的既定业务
- 具有知名度的品牌

- 母公司给予的广泛培训和支持

然而，特许经营也有缺点，比如：

- 高昂的初始投资：除授权费用外，可能还有版税和其他费用（有些只需几千美元买断，有些则可能高达50万美元）。
- 维持业务的持续成本。
- 需严格遵守母公司的政策和程序，如违反可能导致合同终止。
- 可能出现缺乏沟通和支持的情况。

你还可以开始自己的特许经营。如果你有培训计划并建立了相应体系，就可以招募其他人来购买和销售。

动机、气质和时机

在决定自谋职业之前，很有必要先评估自己的动机。给自己提出以下两个问题：

- 我是在逃避一个不知道如何改变的糟糕局面吗？
- 我是在向着一个引人注目的想法前进吗？

许多因素会让你考虑自谋职业——压力、厌倦、家庭遗忘和个人需求，都会带来不满情绪和做出改变的想法。然而，离职开始自己的事业不应该是因为工作不愉快或想要逃离糟糕状况。

如果第一个问题的答案是肯定的，就给自己提一个后续问题："我是否已尽一切努力让情况好转？"回到第十二章看看怎样才能改善现状。自谋职业是有压力的，有时会让你无暇满足自我需求，所以请确保自谋职业的主要原因不是对工作不满意，只有这样，你才会做出明智的决定。

如果第二个问题的回答是肯定的，也给自己提出一个后续问题："我是否做了研究来确定这个想法能够成功？"创建可信的计划，哪怕简单点也没关系，只有那样，你才能步步为营地引导企业成功。

气质

自谋职业不适合胆小的人。这会涉及工作和牺牲，所以请确保自己拥有一切所需并愿意去做必须做的事情。成功的企业家有五个基本特征：激情、韧性、强烈的自我意识、灵活性和远见。另外，冒险、创造力、个人牺牲、营销和销售能力以及独立性等其他特征也至关重要。如果觉得自己拥有这些，你可能拥有自谋职业的气质。

对于某几代人来说，自谋职业可能比其他几代人难度更大。刚离开大学或在工作场所找不到成就感的千禧一代似乎正在以更快的速度自谋职业。事实上，宾利大学的一项研究发现，67%的年轻人打算自谋职业，导致这一代人被戏称为"千禧企业家"。随着越来越少的老年工人将退休视为休息时间，许多婴儿潮一代和已退出劳动力大军的老一辈人开始了"第二职业或二次就业"。由于最近经济衰退的影响，不仅他们可能会遇到困难，所有群体都可能会受到影响。这并不是说有些人不能自谋职业，重要的是通过评估和适当研究确定自谋职业是否适合自己。

时机

怎么才能知道何时应该离职，开始自谋职业呢？心血来潮并不可取，所以在做这件事之前，很有必要做些研究和计划。然而，你可能会发现所处情况"迫使"自己做出这种决定，比如公司正在裁员。有时，生活中的某件事会起到催化剂作用，比如亲人去世、离婚或退休等。不管你为什么要自谋职业，花点时间为离职重新开始的那一天做好准备，未来会得到回报。

为实现飞跃做计划

如果在自我评估和预先规划后决定继续前进开始自己的事业，下面内容将告诉你如何安全地实现这一飞跃。

制订商业计划

确定企业是否有机会取得成功的最佳方法是制订商业计划或路线图。如果企业自筹资金，商业计划无须花哨，但创建计划仍然会让你明确怎样继续下去。如果你正在考虑自谋职业，很可能已经确定了企业打算专注的想法或细分领域。通过商业计划，你可以进一步明确企业的愿景、使命、目标市场、提供产品、营销计划、财务计划和其他考虑。让我们更仔细地来看看每一项。

愿景和使命

愿景和使命回答了一个重要的"为什么"——你为什么自谋职业？为什么想帮助别人？愿景就是你的想法以及将如何帮助别人，使命决定了你希望企业走向何方。

细分市场和目标市场

这个部分用来确定业务重点并进一步明确帮助对象。你可能有很多伟大的想法和经验，但你不可能是万能的。专注于一个特定领域，确定需要你提供服务的人群，这样你能更好起步并以更快的方式成长。细分领域就是你提供产品或服务的特定主题（领导力开发、团队建设或变更管理）或行业（医疗保健、信息技术或人力资源）。

目标市场是那些需要并将购买产品或服务的人群。谁会是理想客户？可能是曾经合作愉快的伙伴，也可能是产生共鸣的朋友。确定领域和理想客户将帮助你更快地找到并吸引他们，从而快速增加业务和收入。

产品

要搞清楚向自己所确定的市场提供或销售什么产品。如前所述,有很多方法可以将知识和经验应用到产品中:

顾问承担主题专家角色,进入组织充当外部的眼睛。顾问要么解决问题,要么提高公司员工的技能和绩效。作为一名顾问,重点在于找到一个自己可以成为公认专家的细分市场。

教练帮助各层次员工提高绩效和生产力(或细分市场关注的任何品质)。你可以单独工作,也可以在所有级别的团队中工作,比如较低级别的员工、高管或小组。可以按小时收费,也可以提供套餐,比如12次课程的固定价格。

可以提供培训项目——自己设计的项目(或附属项目),也可以创建一个个人或公司购买的项目。通过技术手段可以比以往更容易地组合一个项目,而且可以通过视频、音频、手册或组合等方式来传播项目。你也可以制订一个培训师训练计划来扩大业务范围和收入。

还可以开发很多产品来帮助别人并宣传自己,比如:

- 围绕特定主题开发游戏
- 拍摄和打包视频
- 写一本书或电子书
- 录制培训课程并制作为CD或供iTunes下载

写作是向大众传达信息的最好方式之一。The Ezine Directory、Hub Pages、Info Barrel、Freelance Writers和 The Write Life等都是很好的资源。可以使用以下方式来开始写作:

- 写博客（为自己或他人）
- 文章或通讯（适用于出版物、专业协会或杂志）
- 白皮书
- 编辑或校对
- 开发卖给别人的程序

策划者、小组讨论和务虚会能够让一群人发展更大的包容性和想法来推动业务。根据拿破仑·希尔的《思考与致富》（1937年版），策划者将一群人召集起来，分享最佳商业实践，解决问题并获得想法反馈。各小组将志同道合的人聚集在一起，围绕特定主题分享各自的经历并接受某种类型的教育。务虚会为人们提供了异地相聚的机会，专注于一个主题或培训想法，这是忙碌的高管放松和减压的理想选择。

通过围绕主题举办网络研讨会、电话研讨会或现场研讨会，可以扩大业务并获得更广泛和全球化的影响。网络研讨会在线进行，观众通过观看幻灯片接受培训。电话研讨会可以提供相同内容的培训，只不过是与一群人通话，因此互动是实时的，人们可以提问。网络研讨会或电话研讨会都可以录制后二次提供，也可以发布到网站或播客，还可以把演示和产品打包在一起。这方面的资源有www.livemeeting.com、www.gotomeeting.com、www.zoom.com和www.freeconferencecall.com。现场研讨会是面对面的会议，你可以为一群人提供特定计划，可以自己担任专题演讲者，也可以引入其他演讲者来确保多样性。

市场营销

市场营销部分用来确定计划，推广自己提供的项目和服务形式。无论是现实中还是网上，潜在客户都在哪里"闲逛"？他们是当地协会或社区团体成员吗？想想自己可以通过哪些方法接触到潜在客户，不要忘记技术发展给了你接触全球市场的能力。例如，现场营销形式包括名片、专业协会社交活动、电话推销、传单和小册子、跟进电话、会议、研讨会、演讲活动以及印刷、电视或广播采访等。在线营销形式包括网站、徽标、博客文章、时事通讯、搜索引擎优化、电子邮件营销、电子书、视频、网络研讨会、会员网站、系列教育或在线学习项目等。

全国独立企业联盟（National Federation of Independent Business）会提供一些小企业营销的优秀资源。

预算和财务

这部分涉及所有金钱方面的事情，既包括业务花费，也包括通过产品和服务得到的业务营收。

首先需要确定自己正在建立的业务类型：

●**个体或个人执业**：这种结构把个人资产和职业资产混合在一起，因此在扣除业务支出后，将按个人所得税税率对所有收入征税。这是最简单的业务结构。如果被起诉或需要宣告破产，那么个人资产也将面临风险。

●**有限责任公司**：这种结构保护个人资产不受业务影响。在多数州，只要提交一个相当简单的表格就可以注册一家有限责任公司。收入仍然是通过个人纳税申报单申报，并按个人所得税税率纳税，但还需要提交一份单独的信息报税表。

●**法人公司**：这种公司结构比较复杂，需要许多资料和按季提交纳税报告。主要可分为两类：

S类法人公司是"直通"实体，企业利润和损失通过所有者的个人纳税申报单申报，与有限责任公司一致。S类法人公司提供有限责任，但可以出售股份。

C类公司是最复杂的公司，其收入按公司税率征税。如果公司收入以股息或薪金形式分配给企业主，则有可能重复征税。

与商业律师或会计一起审查自己的业务模式以确保符合税法和申报要求，保持记录良好是必须的。多数州都设有一个部门，负责提供开办企业信息。你可以随时从本地小企业管理局或股票期权参考教育网站得到免费帮助，爱德华·亚历山大的《如何避免10种代价高昂的商业谋杀常见法律错误》（*10 Common and Costly Business Killing Legal Mistakes and How to Avoid Them*）一书也是个很好的资源。

应该明确怎样筹集公司资金，包括个人资金、银行贷款、赠款、信用卡或家庭贷款。也可以从投资者那里获得资金，比如天使投资者（参见天使资本协会列表）或Kickstarter（www.kickstarter.com）、Indiegogo（www.indiegogo.com）等众筹网站。

随着业务发展，需要确定未来的需求或预测。你要考虑到如何在发展业务的同时，或是遇到有税收、设备故障等不可预见的状况时，能留足维持生活的资金。你需要考虑到什么情况是"可接受的"。如果出现任何不利情况，要保留好资源和备份计划。

其他财务考虑

最后，需要考虑如何建立企业和准备多少启动资金。一些必备物品如下：

- 办公空间：家里或其他场所空间
- 办公设备：电话、网络、电脑、打印机、传真机、办公桌、文件柜、白板和装饰品
- 办公用品：笔、复印纸、文具、打印机墨水、文件夹、费用记录本、里程本、小册子和名片

●表格：办公室政策、检查表和评估

●个人服务：簿记员、注册会计师、互联网帮助（网站设计或搜索引擎推广）、虚拟助理和商务教练

●个人和职业发展：健康保险、参加大会、工作坊和商务会议

需要确定如何给产品或服务定价，以确保业务营利。如果提供咨询服务，记住需要及时建立销售和管理业务。咨询师的经验法则是，收取费用至少为员工时薪的三倍。要确定自己是否提供一对一或单独服务、团队费率、差异价格、一揽子服务或合同费率。

有些州要求企业获得营业执照（通过县政府）并注册公司名称（请到所在州劳工部或本地小企业发展中心查询规章制度和获得帮助），两者成本都很低。可以考虑使用名片或传单宣传公司服务，但在一开始必要性不大。

然后，定好日期，开始行动吧！

从恐惧和优柔寡断走向自由

现在你已经建立了商业模式，写好了商业计划，确定了理想客户和市场，已经准备好在某天成为一个企业主。然而，此时你可能会感到犹豫或质疑自己的决定。这是很自然的，但必须及时解决。

你经历的是恐惧——对未知结果的担忧。恐惧可以在许多方面表现出来：害怕失败、害怕成功、害怕被拒绝或不够好。你可能会拿自己和别人比较，担心没人来购买服务，担心没钱维持生意。同样，这些也都是自然的感受，但如果不加以处理和解决，它们就会失控。

在克服恐惧的过程中，认清恐惧的根源极为重要。最基本的恐惧是担心自己不够优秀，这种恐惧会衍生出失败和拒绝等负面情绪。恐

惧会产生焦虑，即担忧无法预知或控制的未来结果。当你做自己的生意时，恐惧会悄悄爬上心头，阻碍你实现梦想，让你怀疑自己最初为什么要开始。

要克服任何恐惧，你必须先承认和挑战这些想法。"我确定这样绝对正确吗？"这是一个可以帮你消除任何恐惧的好问题。相信自己和相信自己的能力是走出恐惧的关键所在。

把重点放在"为什么"而不是"怎么样"。在这一点上，寻求顾问或教练的帮助可能会很有用。要记住，感到恐惧并不是一件坏事，因为它能激励你走向成功。心理学家苏珊·杰弗斯曾说："感受恐惧，但无论如何要去行动。"重要的是，现在就要开始培养对自己的信任，直到你能够说："无论发生什么事，在任何情况下，我都能应对！"

总结

在如今的数字化驱动经济中，自主创业和合同工作机会随处可见。对于那些有兴趣自谋职业的人来说，了解建立企业的步骤和明确企业在市场上的权利与法律保护是非常重要的。自谋职业并不适合所有人。回顾一下自雇人士的共同性格特征以及取得个人成功的必要条件，了解自己的动机，从而找到存在的障碍及其解决办法。花时间尽可能地全面了解情况，确保自己有适当的计划，保持坚定的心态——这些都将帮你实现转变，推动自身事业获得成功或以不同的方式利用自身知识和技能。

第十六章

国外就业

/妮可·米勒

在这个瞬息万变的市场环境中，开放边界和全球扩张带来了无限可能。现在，全球各地的员工可以当面或借助远程工具进行互动，公司也确实需要具备世界事务经验的新员工。总部位于瑞士的非营利组织世界经济论坛的一项研究显示，全球64%的雇主认为国际经验在招聘过程中很重要。因此，如果你一直都对拥有国际经验的"金钥匙"感兴趣，那么没有比现在更好的时机了。

根据联邦投票援助计划，截至2015年年底，在海外生活和工作的美国公民多达650万。其中有些人是因为工作原因常年在外，还有些人是出于自己的决定。做出这种决定并不容易，梦想和选择在哪里生活，无疑受到了媒体美化旅游和海外生活的影响。毕竟，谁能忘记一系列经典电影呢？比如奥黛丽·赫本和格里高利·派克在罗马拍摄的《罗马假日》、娜塔莉·伍德和托尼·柯蒂斯主演的《疯狂大赛车》，还有茱莉亚·罗伯茨在《美食、祈祷和恋爱》中的环球逃亡。当然，这些场景会让人想到生活在异国的浪漫，但在那里生活和工作到底是什么感觉呢？你怎么才能把梦想变为现实呢？

选择正确的PLAN（计划）

开始任何旅行冒险前，需要先做好计划。计划能给你指明方向并详细阐述怎样才能到达目的地。国际求职也是如此，你需要从创建一个求职计划开始：准备（preparation）、地点（location）、行动（action）和收获（netting）。本章将帮你找到正确的道路，并提供得到国际职位的基本知识。

准备

实现任何值得拥有的梦想都没有捷径，因此，从长远来看，准备国际求职所花费的时间是值得的。自我反省是一种强大的工具，有助于明确一些重要问题的答案。

确定哪些人

准备工作中要重点考虑的是个人情况。如果家人一起，你会遇到与独自出国完全不同的挑战。你不仅要考虑家庭成员的需要，还要考虑到费用和经济状况，而这些会最终决定谁跟你一起去。

不管怎样，跟所有的求职一样，能否成功取决于获得的支持。如果没有从家人那里得到支持，特别是在你希望他们陪伴的情况下，那么国际求职进程会受到严重阻碍。花点时间和家人一起探索各种选择，并展示你们将如何作为一个家庭获得独特的生活体验。确保最初决策过程包含每个成员，以便从他们的角度清楚了解利弊。附录十一"国外市场"提供了许多技巧，可以帮你取得每个人的支持。

确定为什么

在选择新的冒险目的地之前，必须再度考虑一下海外经历的目标和职业期望。美国侨民在国外生活的原因各不相同——有些人退休后去巴黎当导游追求艺术兴趣，英语教师借助教学技能周游世界，商人们渴望在新的国家定居并成为公司高层。他们的目标一致：渴望体验不同文化和丰富人生经历。

有效的工作目标有助于找到一条将兴趣与技能结合起来的职业道路。那么，有哪些选择呢？

●**想出国留学吗？** 接触所在学院赞助或由著名学生交流组织提供的交流项目，了解可以去哪些国家留学。通常，学生签证能提供一个很好的机会，能让你一边在研究领域工作，一边获得额外收入。（www.goabroad.com网站提供各类信息，帮你确定哪个项目最为合适。）

●**想获取志愿者经验吗？** 如果不考虑金钱因素，一些最有价值的海外职位是没有报酬的。此类项目包括和平队、海外项目、联合国志愿人员和无国界医生组织等。

●**退休后想到另一个国家挣钱维持生活吗？** 虽然退休后到国外生活可能是个很好的梦想，但在经济上不太现实。不过，退休后继续工作已经成为一些人实现海外生活的手段。

●**在另一个国家升职有吸引力吗？** 你可以找自己正在工作的公司核实一下。或许他们有个国际办事处，你可以转到那里工作；或者他们正计划扩张到另一个国家。

有了明确目标以后，就可以有效地去追求目标。如果没有目标，那么国际求职就会变得漫无目的，结果也无法令人满意。

决定从什么开始

不管工作目标是什么，都需要做好准备。美国国务院网站上有一份旅行清单，不妨先去查阅一下。另外，有两件事可以开始做：学习一门新语言和了解文化差异。

学习一门新语言

如果想要从主要使用英语的国家去往其他国家，那么学习一门新语言绝对是很有市场的一项技能，它将帮你在竞争中获得优势。你在高中或大学时学过西班牙语、德语或法语吗？如果想搬到欧洲或拉丁美洲，这些语言可能非常有用。参加本地社区中心的会话课程或文化团体的志愿者活动有助于提高语言技能。如果想通过自学方式来学会一门全新的语言，需要使用很多应用和网站，比如多邻国（Duolingo）就提供免费网络课程。

另一个方法是，如果经济允许，就花一个月左右时间去参加浸入式课程。加拿大维多利亚大学提供的"法国之家"项目就是个为期五周的法语全浸入式课程。如果学西班牙语，那么根据你的需要和兴趣，墨西哥和西班牙都有很多类似项目。在这方面，"Go Overseas（www.gooverseas.com）"和"Lonely Planet（www.lonelyplanet.com）"两个网站上的语言论坛可以提供更多信息。记住，在感兴趣的国家体验家庭生活或去语言学校学习有两个目的：学习语言以及在做出长期承诺之前体验异国生活。

了解文化差异

文化差异会影响到求职的每个环节——求职过程、营销材料、面试方式甚至薪资谈判。如果不了解目标国家的游戏规则，成功获得一份新工作的机会可能就比较渺茫。

要想在国外成功找到工作，就要研究和尊重文化差异。www.expat.com网站是个很好的起点，在那里你可以看到世界各地的5000多个博客，另一个很棒的资源网站是Expat Exchange（www.expatexchange.com）。

当准备实现出国工作的梦想时，要全力以赴，不要担心在美国可能错过的好机会。即使一开始找不到理想职位，求职过程所获得的经验和洞察力也一定会成为更好机会的垫脚石。

所处位置

在浩瀚的世界中，一定要缩小下一个职业机会所处位置的范围。一旦确定工作类型目标，想要去的地方将帮你决定怎样付出努力，确保得到令人羡慕的国际经验。

确定目的地

美国国务院领事事务局网站详细介绍了每个目的地的情况，包括签证要求、安全评估、医疗保健和当地法律简要概述。你还需要考虑目标国家的平均工资、生活成本、安全状况和行业需求。

平均薪资

移居国外后，你期望得到多少薪酬呢？以下两个来源汇编了详细的薪酬清单：

- Payscale利用众包和大数据技术编制了5400万份个人薪资档案。
- 2016年"罗伯特·沃尔特斯全球薪资调查"分析了24个国家的就业数据，包括欧洲、中东、非洲、亚洲、北美和南美等地的多个国家。

生活成本

在做出选择时，要考虑所选国家的生活费用这一重要信息。Numbeo是个免费的全球指标在线数据库，可以让你按城市或国家来研究当地生活成本。

在估计预算时，不要忘记考虑新地点与美国之间的距离。你会不会因为生意或家庭原因需要经常回美国？长距离旅行不但昂贵，而且费时。

在生活成本方面，最后还需要考虑美国人出国工作的相关税务问题。你是美国公民，国税局不关心你在哪儿挣钱，因此，你仍然需要每年提交一份报税表。理解税务指南（美国国家税务局网站上可以找到）并不容易，所以最好咨询专门从事美国侨民业务的税务会计师。

安全吗？

没有哪个国家是绝对安全的，要看首选目的地的犯罪率是否可以接受，愿意承担的风险会直接影响你的选择。此外，每个国家都有各自的规则，有些与美国迥然相异。在你选择的国家，美国人认为理所当然的事情或许不可接受，甚至是违法的。

美国中央情报局汇编的《世界概况》是个很好的资源，它按照标准类别（如地理、人与社会、政府、经济、能源、通信、军事与安全以及跨国问题）提供了详细的国家概况。

哪个国家需要我的技能？

所选国家需要你的特定技能吗？在线职业发展网站Live Career（www.livecareer.com）有完整的地理列表，包括按国家分类的求职网站。

行动

在任何求职过程中，只有行动起来才能获得工作机会，但从哪里开始呢？做出国外求职决定并且明确自己想去哪里，你就成功了一半。你可能已经注意到，海外求职确实存在一些挑战，不过，有些工具可以减轻障碍。以下是在求职过程中可以采取的一些行动。

谷歌是你的朋友吗？

在线寻找国际机会时，使用谷歌是有帮助的，然而，在庞大的网络资源世界中，你可能会迷失方向。尝试使用求职搜索引擎来优化求职过程并节省时间。www.transitionsabroad.com列出了一系列按全球区域分类的门户网站，对于求职十分有用。在此列举一些：

- 非洲：www.careerjunction.co.za是个带搜索功能的门户求职网站，其多数工作职位处于南非。
- 亚洲：www.jobsdb.com提供亚洲各地职位的招聘信息。
- 澳大利亚：www.jobsearch.gov.au是个按职业类别和工作地点列出职位的政府网站。
- 加拿大：《加拿大生活》杂志认为www.simplyhired.ca是一站式搜索的最佳选择。
- 欧洲：www.jobsite.co.uk关于法国、爱尔兰、西班牙和意大利等其他欧洲国家有很多条目和姐妹网站。
- 拉丁美洲：www.latpro.com网站列出了拉丁美洲和美国的职位，招聘精通西班牙语或葡萄牙语的专业人士。所有职位都要求有工作经验。
- 中东：www.bayt.com是一个广泛的招聘网站，在中东各地都有职位可供选择。

发展社交网络

社交网络不仅是为了和朋友保持联系。无论身在何处，求职过程中最重要的工具永远是职业关系网。重点不是你懂什么，而是你认识谁。在寻求国际职位时，这话同样有道理。尽管刚开始在目标国家基本没有社会关系，但有些方法可以让你不费多大力气就能发展社交网络。

在线社交无疑是与全球决策者轻松联系的一种方式。然而，选择合适的社交媒体网站是很重要的。领英是全球最大的职业在线网络，可以通过该网站与个人和团体方便地取得联系（有关领英的更多信息请参阅第六章）。在有些国家和地区，你还能使用其他一些不太知名的网站。

- VK（www.vk.com）是东欧首屈一指的社交媒体网站，

其规模甚至超过拥有1亿活跃用户的脸书。需要注意的是，该网站多数互动使用俄语。

●XING（www.xing.com）是一个拥有700多万会员的西欧商业社交网站。

●注册用户超6.45亿的QQ空间是中国最受欢迎的社交媒体网站，也是全世界规模最大的社交网站。

●Taringa！（www.taringa.net）是在西班牙语用户中很受欢迎的社交网站。

●Mixi（www.mixi.jp）是在日本建立社交网络的必备资源。

招聘会

另一个不错的选择是参加海外招聘会。在几个小时的过程中，你可能会遇到许多在目标地区招聘的雇主。在自己的城市参加招聘会是个很好的开端，你可以在《美国招聘会目录》上查找国际招聘会列表。在参加此类招聘会时，你需要准备好面试，着装得体给人留下深刻印象，并带上简历分发。确保自己参与招聘会沟通并提出了空缺职位的相关问题。即使最终没有得到现场面试机会，你也能收获一些联系人，而他们也许会在未来帮你找到机会。

简历还是履历

在撰写文档时，一定要考虑到目标读者（以及读者的文化期望）。例如，在具备北美影响力的国家求职时应创建一份简历——一份简短的（不超过两页的）摘要，列出技能和工作经验要点。（有关简历制作的更多信息请参阅第五章）然而，欧洲国家一般广泛使用履历。履历比传统简历更长，通常超过三页，且倾向于使用描述性段落。最近，欧盟发布了欧洲通行履历格式，让你清晰有效地展示自身技能和资格。其门户网站还可以帮助求职者通过在线模板生成简历。

给目标公司的人力资源部或招聘人员打个简短的电话，让他们帮助搞清楚该选择什么格式。请注意，简历内容取决于申请的职位。例如，在美国，附上照片或说明婚姻状况一般不可接受，但在其他许多国家司空见惯。研究这些复杂的问题可以确保申请具备竞争力。

跟踪求职

申请国际职位时，保持条理性至关重要。如果打算自己管理求职过程，使用Excel表格建立跟踪文档是随时掌握信息的最简单方法。Brighthub有个免费的Excel模板可供使用。

也可以选择职业介绍所。全世界有数千种这样的服务，但多数是收费的。它们肯定是物有所值的，但一定要搞清楚对方能够以怎样的价格提供什么。如果可能的话，向这些机构的前客户咨询他们的经历。《边缘》杂志列出了各种不同类型的就业中介机构。

考虑聘请一位专业的职业教练，帮你选择目标国家、创建成功的营销文档、准备面试和进行薪资谈判。尽管整个过程下来费用可能比较昂贵，但职业指导国际公司认为这笔钱值得花。在聘请教练之前，要确保对方具有行业认知度，充分了解目标国家并能提供很多参考。

国际面试

第九章中有很多在面试中取得好成绩的技巧。不过，在参与国际面试时，你需要考虑到更多事情。Goinglobal（www.goinglobal.com）网站在其国情简介中列出了面试建议，可以先去看看。准备国际面试时还需要考虑以下几个问题。

语言

如果你只说英语，请确认面试将用英语进行。如果不是，请确保有足够的语言表达能力把自己塑造成专业人士。即使面试用英语进行，也可以使用雇主的母语来表达问候。这么做可以体现你的文化意识，让对方觉得你具备灵活性。

时区

在安排面试时，要记住纽约的下午6点实际上是东京的第二天早上7点。

电话与视频通话

尽量使用Skype或其他视频会议工具。能够看到说话对象，那就会有话可说。要了解视频面试的更多相关信息，请参阅第九章。

文化差异

面试时忽视文化差异会让你陷入困境：

- 保持面试的专业性和严肃性——这不是开玩笑的时候。
- 保持自身成就宣言显得低调——你不想让人觉得自己在吹牛。
- 时刻注意到社会等级制度——不要与面试官显得过于熟悉。

穿着保守

记住，你申请工作的行业可能有特定着装规范。比如在伦敦商界，西装加领带非常普遍，但到了英格兰北部，着装条件就变得很宽松。

永远守时

无论当场面试还是电话面试，都不要迟到，但要记住文化偏好。在一些亚洲文化中，面试时只有提前15分钟到达才算礼貌。相较而言，在美国，提前15分钟到达并不可取。你肯定不想传递错误信息，所以请确保自己的行为符合面试国家的偏好。

得到回报

恭喜！你找到工作了！现在该怎么做呢？一旦获得工作的兴奋感

减退，工作的真实情况就会显现出来，在签署合同之前你需要考虑一些事情。

可以谈判吗

简而言之，可以，所有合同都是可以谈判的。在还价前，一定要准备好书面材料，把这当作一个起点。在某些文化中，谈判是不礼貌的，所以要确保所在地区的情况。不管怎样，如果还价是经过深思熟虑的，那么多数商界人士会认真对待。

多少薪酬

能拿到六位数薪酬听起来很不错，但与所在行业平均薪酬相比如何呢？记住，世界各地的购买力存在差异，且你不会希望国外生活水平低于在美国时。多数行业在全球范围内重新分配员工时都使用区位工资。例如，一位从纽约搬到伦敦的高管，由于生活成本的上升，薪酬会上涨约10%。如果你在一个汇率不稳定的国家工作，请确保薪酬至少有一部分仍以美元支付。

福利包

典型的外派补偿方案包括签证要求、安置津贴、搬迁费用、医疗保险、带薪假期和子女教育津贴。试着和老员工谈谈，了解他们得到的福利。

签证要求

应与新雇主讨论签证要求问题，比如由谁提出申请、涉及什么、谁付钱、包含哪些家庭成员，以及在接受工作前需要多久才能敲定等。许多交易因无法取得所在国的工作签证而变得不愉快，因此请确保在这个过程中做到充分合作。

住宿津贴

在签约前，新雇主应该能够就住宿成本、住宿地点以及公司支付费用（如有）提供一个大致情况。对于有些工作地点来说，公用事业、家政服务、安全服务、发电机、逆变器、储水和净化设备等可能包含在雇主愿意支付的范围之内。Monster.com指出，有些公司将这些成本计入外国服务附加费，根据地点差异有所不同，通常在10%~15%之间。

搬迁费用

搬迁费用包括搬家费、房地产费（用于出售美国房产）、酒店住宿费、餐费和机票费。有时也可以把帮助配偶找到工作的就业服务费用计算在内。

医疗保险

如果要去的国家无法享受全民医保，那就一定要把这个问题放到谈判桌上。医疗保险可能是移居到新国家时最昂贵的项目之一，多数雇主会把它纳入一揽子计划。

带薪假期

根据多数猎头公司的说法，福利套餐通常会为你和家人提供至少一次回美国的旅行。如果职位较高，可以申请商务舱旅行或多次回美国。带薪休假天数取决于你工作所在的国家和行业。有些国家还规定了带薪家庭休假（产假和陪产假），所以要确定清楚自己的权利。在提出还价之前先研究一下这个问题，可以参阅国际劳工组织相关规定。

儿童教育津贴

如果孩子跟着你一起移居海外，那么这就是个很重要的问题，因为教育成本可能非常高。例如，在中国，一所讲英语的私立学校每年学费可能超过10万美元。公司的平均教育津贴约为每年2万美元。而在中东，雇主通常支付75%以上的学费。

工作环境会是怎样的

确保工作时间和职责在书面合同中有明确规定。并不是所有国家的劳动法都与美国相同，所以一定要清楚地了解这些法律，确保它们与你愿意做的事情相吻合。例如，典型的日本员工每周工作60小时以上，但周末从来不加班。这意味着他们通常从周一到周五每天工作12个小时。

务必调查目的地的职业安全与健康法规，以确保自己不吃亏。国际劳工组织所维护的一个数据库会对你的调查很有帮助。

文化冲击

一旦对新环境的兴奋感消散，你很快就会意识到新环境的不同之处。你会先注意到一些小事情，比如在杂货店购物不会说当地语言，在马路的另一侧开车，甚至生活节奏较慢。这些会带来文化冲击，每个人都会在某种程度上经历。那么，你能做些什么来抵消它呢？

了解新国家，研究人们和他们的生活方式，与各种外派社交关系网建立联系并提出问题。

记住，耐心是一种美德，它不会辜负你。与新国家的人们交往越多，你就会越自在。参加一两个运动队，接受社会活动邀请。简而言之，尽你所能开始融入东道国的文化。这将有助于缓解你对新家的尴尬。

记住，这并不一定是永久性的，所有工作都是临时的。为一个工作迁徙，也可以再次迁徙去寻找另一个工作。

即便刚开始受到一些文化冲击，许多人最终仍然会发现迁徙是一种有益的努力。花点时间反思自己的决定，然后睁大眼睛往前走，准备好去经历一辈子的变化。

总结

国际求职需要有强大的PLAN（计划）。本章所呈现的准备（preparation）、地点（location）、行动（action）和收获（netting）四个概念是让努力取得成功的一种简单方式。

第四部分 附录

以下为本书附录,其中包括兴趣测试(附录一)、个人日程工具(附录二)和职业规划及目标公司汇总(附录五)等多项内容。

附录一 兴趣测试

在符合自身情况的表述右侧涂黑圆圈。然后计算每一列中涂黑圆圈的数量,并在表格最后一行输入相应数字。总数最多的两到三列就是你的兴趣主题代码。关注自己的主题代码,然后回到第一章去找相应的解释。

	说明	R	I	A	S	E	C
1	我通常可以自己搬运、制造或者修理东西。	O					
2	我需要彻底了解事物,想知道所有细节。		O				
3	任何形式的美,包括音乐、色彩等都会影响我的情绪。			O			
4	人们使我的生活变得更好并赋予了意义。				O		
5	我有信心实现要做的事。					O	
6	我喜欢设立清晰的方向,所以知道该怎么做。						O
7	我不介意把手弄脏。	O					
8	探索新的想法会令我感到满足。		O				
9	我似乎总是在寻找新的方式来展现创造力。			O			
10	我很重视能与他人分享自己关心的事情。				O		
11	我喜欢参与竞争。					O	
12	开始项目前,我需要把办公空间整理好。						O
13	我喜欢买实用的东西,自己能够使用好。	O					
14	我认为教育是个发展和磨砺思想的终身过程。		O				
15	我有着丰富的想象力。			O			
16	如果和谁有问题,我倾向于说出来解决。				O		

续表

	说明	R	I	A	S	E	C
17	要想成功，最好目标远大。					O	
18	我为自己在工作中能够关注细节而自豪。						O
19	我不喜欢耗时争论，清者自清。	O					
20	有时我会静坐良久阅读或思考生活。		O				
21	我喜欢尝试有创造力的新想法。			O			
22	心情低落时，我会找朋友倾诉。				O		
23	我希望自己提出计划，别人执行细节。					O	
24	好习惯有助于让我完成工作。						O
25	户外活动让人精力充沛。	O					
26	采取行动前我会对问题进行全方位分析。		O				
27	我喜欢重新安排空间，使之与众不同。			O			
28	亲密关系对我至关重要。				O		
29	参与重要决策令我兴奋。					O	
30	我更喜欢处在无须决策的职位。						O
31	我喜欢简单实用的空间。	O					
32	我总是问为什么。		O				
33	我盼望去欣赏艺术表演、戏剧以及音乐会。			O			
34	你需要告诉我怎么帮你。				O		
35	升职和进步对我至关重要。					O	
36	我通常安于现状。						O
37	强有力的法律和秩序体系有助于阻止混乱。	O					
38	我想学习所有感兴趣的科目。		O				
39	我不想平庸，只想与众不同。			O			
40	我十分关心社会上大量需要帮助的人。				O		
41	能够影响他人令我兴奋。					O	
42	说过要做什么，就会贯彻每个细节。						O
43	适当的重体力活没什么坏处。	O					

续表

	说明	R	I	A	S	E	C
44	我喜欢别人挑战自己的思维,让我学到更多。		O				
45	大自然的美会触动我的内心。			O			
46	我经常特意去关注那些无依无靠的人。				O		
47	为了成功,我甘冒风险。					O	
48	我讨厌事情刚放下就发生变化。						O
49	我通常知道如何处理紧急情况。	O					
50	只是读到新的发现,我就会兴奋。		O				
51	我创作时习惯放空一切。			O			
52	人们似乎经常向我吐露自己的问题。				O		
53	我钟爱讨价还价。					O	
54	我不喜欢做没确认的事情。						O
55	运动可以强身健体。	O					
56	切勿情绪激动。我们可以厘清思路,对如何正确行动做出合理的计划。		O				
57	我喜欢创造激动人心的事件。			O			
58	我相信人性本善。				O		
59	在哪里跌倒,我就在哪里站起来。					O	
60	我需要了解别人对我的期待。						O
	总计						

改编自:米歇尔罗兹《朝九晚五:求职手册》(1998年版),美国加利福尼亚州山景城:梅菲尔德出版社,第三版。

附录二　个人日程工具

个人宗旨（第三章及第四章）		
性格类型（第一章）	兴趣（第一章）	技能和优势（第二章）
此处填入兴趣测试中得到的兴趣代码	统筹安排（第一章及第四章）	工作环境（第三章）
	公司规模： 公司类型： 地理位置： 通勤情况： 薪资水平： 工作职位：	企业文化： 领导类型：

附录三　评估工具

兴趣评估工具

评估项	创建人	评估链接	评估体系
斯特朗兴趣量表	E.K. 斯特朗	www.discoveryourpersonality.com/stronginterestinventorycareertest.html	・与霍兰德 R-I-A-S-E-C 六角模型相匹配 ・一般职业主题量表 ・基本兴趣量表 ・职业兴趣量表 ・个人风格量表
职业兴趣组合卡	理查德・诺戴尔	www.careercentre.dtwd.wa.gov.au/toolsandresources/toolsandresourcestohelpyouplanyourcareer/findingouttoolsandresources/Pages/SkillsCardSort.aspx	・完成一项工作所需的准备、技巧和知识储备程度 ・能力培养过程 ・110 种职业卡
职业领袖	蒂莫西・巴特勒和詹姆斯・沃尔德鲁普	www.careerleader.com/individuals.html	・商业兴趣量表 ・领导动机概要 ・领导技巧概要
兴趣测试	美国劳工部，就业培训局	www.onetcenter.org/IP.html?p=3	・与霍兰德 R-I-A-S-E-C 六角模型相匹配
职业适应性测验	约翰・霍兰德	www.self-directed-search.com	・实际型 ・调研型 ・艺术型 ・社会型 ・企业型 ・常规型

259

个性评估工具

评估项	创建人	评估链接	评估体系
迈尔斯与布里格斯类型指标测试	凯恩琳·布里格斯 伊莎贝尔·布里格斯·迈尔斯	www.myersbriggs.org/my-mbti-personality-type/take-the-mbti-instrument www.mbtionline.com	·外倾/内倾 ·感觉/直觉 ·思维/情感 ·判断/理解
DISC 性格测试	威廉·莫尔顿·马斯顿	www.discprofile.com/what-is-disc/history-of-disc	·支配 ·影响 ·稳健 ·谨慎
凯尔西气质类型测试	大卫·凯尔西	www.keirsey.com/default.aspx	·护卫型 ·工匠型 ·理想型 ·理性型
大五类人格测试	保罗·格斯塔 罗伯特·麦克雷 沃伦·诺曼 路易斯·戈德堡	www.outofservice.com/bigfive	·开放性 ·责任心 ·外倾性 ·宜人性 ·情绪稳定性
个体潜能动机测评 (MAPP)	亨利·尼尔斯	www.assessment.com	与下列几项的相关性： ·任务 ·他人 ·事物 ·数据 ·推理 ·数学 ·语言

附录四 技能清单

体力型技能	是否用于自己的故事	脑力型技能	是否用于自己的故事
组装物品		表演或者跳舞	
动手能力强		适应能力	
制造或者组合物品		头脑风暴	
驾驶和操作车辆		抽象概念的沟通	
发现物体的工作原理		创作音乐	
安装或者修理物品		创建程序或项目	
园艺和农务		设计流程和程序	
手眼协调能力良好		发展策略	
检验物品		绘画、上色或者雕塑	
安装设备		通过艺术表达思想	
制作物品(工艺品、家具等)		平面设计或者摄影	
监测设备、机器		具有创新性或想象力	
饲养、训练、照料动物		发明新产品和新工艺	
修复物品		从不同角度看待问题	
照料植物		唱歌或者演奏一种乐器	
使用电脑软件		使用色彩、模型和表格	
使用工具、设备和机器		实体空间可视化	
三维空间思维能力强		写作和编辑	
提供建议或指导		分析信息和数据	
乐于支持他人		统计分析应用	
建立人际交往关系		注意细节	
辅导教练		审计档案	

体力型技能	是否用于自己的故事	脑力型技能	是否用于自己的故事
执行会议		编制预算	
冲突管理		计算和处理数字	
分配工作		核查准确性	
展现交际手段		分类或整理数据	
发展人的能力		比较和评估信息	
指导或领导他人		收集数字或信息	
解释及指导		创造高效的系统	
促进团体发展		发展规划	
影响、说服和销售		搜集信息或分析数字	
采访		预测或估算	
聆听		解释计划和图表	
激励他人		保持财务记录	
磋商谈判		组织并改善系统	
展现自己和公共演讲		准备或遵从指令	
提供客户服务		数据可视化展示	
提供身体或医疗护理		调查研究	
教学或训练		行程安排	
团队合作能力		跟踪项目进度	

附录五　职业规划及目标公司汇总

我的职业规划	
职业目标（头衔或者目标职业类型的通用头衔）	
目标职业的技能需求（阅读两三个合适的当前招聘公告）	
行业偏好（感兴趣或者专业对口的行业）	
地理位置（确切的目标地域）	
工作环境问题（企业文化、宗旨、硬件设施）	
目标薪酬/级别（当前薪酬/市场价值）	
时间表（完成职业目标的预设日期）	
次选职业目标（除首选外的目标）	
行动方案	
下一步：	日期：

目标公司列表		
公司名称	地理位置	联系方式

附录六 简历

本附录包括四份简历样本，可说明第五章中提及的一些要点。

- ●样本一是某位计划转行从事房地产开发业务的财务主管所撰写的功能性简历。
- ●样本二是在某公司工作过很久的一位高管所撰写的混合简历。在简历中，个人成就细分为不同类别，以避免在同一个雇主下方出现过多要点。
- ●样本三是位有过多次实习经历的大学新近毕业生。
- ●样本四是个解构简历，如第八章所述，可用于在线求职。

我们建议准备一份格式良好的简历，以供面谈、社交场合以及要求用电邮发送简历的求职时使用。而对于在线求职，我们建议使用格式简单的简历，如本附录中的最后一个样本。

约翰·M. 费南思，特许金融分析师	纽约市杰弗逊港车站梦露巷 44 号，07856 电话：8882221111 邮箱：　jfinance1001@gmail.com
	房地产开发——销售
	具有财务头脑和设计知识的建筑学、工商管理硕士。以分析市场和推荐合理投资的能力而闻名。寻求与房地产开发商和投资者合作，研究房地产市场、机会和不动产，最大化所有股东权益。
·房地产开发和规划 ·不动产翻新和销售 ·投资研究和管理 ·财务分析 ·强大的书面和口头交流能力	·资产价值最大化 ·特许金融分析师 (CFA) ·弗吉尼亚和马里兰州持证房地产销售代理 ·工商管理硕士 ·建筑学硕士
	**专业成就** **房地产开发规划** ●七年开发审查和分区申请经验，作为乡镇规划委员会成员和主席提供行动建议。 ●寻找、分析、融资和规划现有物业的增值改造，以再度转售。 ●为一家大型技术公司的中央大楼进行设计开发并管理施工文档。 ●管理住宅物业的设计和施工。 **物业翻新与销售** ●购买和升级住宅物业，以获取超过运营费用的租金收入。设计景观美化并协商相关合同。2011 年以来市场价值增长 15%。 ●构思、设计和管理 3600 平方英尺（约 334 平方米）住宅的功能、视觉和系统改造。重新利用周围硬质景观，美化景观和游泳池。 ● ABC 房地产公司弗吉尼亚与马里兰州持证房地产销售代理。 **金融研究和分析** ●研究市场和行业以确定成功的趋势和因素，预测哪些公司和股票表现最佳。 ●分析各种行业的公司，并向机构投资者提供满足其目标和风险承受能力的建议。 ●为买卖股票提出清晰而令人信服的理由，并对投资理念进行有说服力的陈述。 ●隶属于机构投资者全美研究团队，文章曾被评为《巴伦周刊》最佳精品文章和《华尔街日报》最佳华尔街引文。 ● StarMine 量化投资荐股能力前三名、TheStreet.com 财经网站最佳荐股师。

续表

约翰·M.费南思，特许金融分析师	纽约市杰弗逊港车站梦露巷44号，07856 电话：8882221111 邮箱：jfinance1001@gmail.com
工作经验 **投资创业经历** 纽约州纽约市无限投资有限责任公司合伙人 房地产专业研究投资公司合伙人 ABC证券有限责任公司主管 纽约州纽约市某著名投资集团总经理 率先开发面向机构投资者的研究产品 **股权研究与财务分析经历** 纽约州纽约市预测有限责任公司顾问 纽约州纽约市纽约第一银行高级分析师 纽约州纽约市纽约投资公司高级分析师 纽约州纽约市纽约银行买方股票分析师 **建筑经验** XYZ建筑公司合伙人	2008年至今 2012—2013年 2007—2008年和2010—2011年 2008—2010年 1988—2007年 2005—2007年 2000—2005年 1992—2000年 1988—1992年 1981—1985年
早期教育经历 ABC大学 工商管理硕士，商学院（1987） 建筑学硕士，设计学院（1978） 环境设计文科学士（1976） 1991年以来持有注册金融分析师特许证书	
行业奖项 ● 机构投资者全美研究团队 ●《华尔街日报》最佳华尔街引文 ● StarMine量化投资荐股能力前三名 ●《巴伦周刊》最佳精品文章 ● TheStreet.com财经网站最佳荐股师	
社区任职 乡镇规划委员会主席　2004年10月	

杰克·布隆伯格	纽约州杰弗逊港波尔街 210 号，10077 6315558888 | jbloom@sample.com

总经理、首席运营官

私人俱乐部对成功有着坚定信念的好客人士和烹饪专家
美国俱乐部经理协会会员

从小立志成长为独特多样的酒店专家，已达到全方位高管水准，以动力和专注应对每日挑战和机遇，以积极热情开始每一天。
有趣的事实：作为烹饪专家在四季酒店为克林顿总统准备晚餐。获特勤处特别许可。

资产管理

高收益业务增长策略	设施改善和资本项目	活动与赛事策划
战略规划与执行	多设施管理	人力资源管理
资本与运营预算	烹饪专业知识	高尔夫、网球和泳池运营
财务分析与管理	董事会协作	俱乐部会所管理
	会员参与度	建立融洽关系

实际管理资产
纽约州贝尔市阿德斯利乡村俱乐部　　　　　　　　　1999 年至 2002 年，2004 年至今
www.ardsley.com
面向家庭的私人乡村俱乐部，提供全方位服务：高尔夫、网球、游泳、划船、餐饮、冰壶、儿童夏令营、会员活动和世界级餐饮。
总经理兼首席运营官（2004 年至今）
助理经理（1999 年至 2002 年）
执行领导角色，对整体运营的成败负责。在斯坦尼治俱乐部树立了良好声誉，之前在阿德斯利乡村俱乐部任职期间也展示了自身能力，赢得了回去担任总经理和首席运营官的邀请。指导一个由部门主管和专业人员组成的跨职能团队（旺季 155 人，淡季 75 人）。最初的挑战是继续已完成 50% 的 880 万美元高尔夫球场和俱乐部会所翻新，并扭转当时的经济危机。
关系管理和会员满意度：一个平易近人的、引人注目的、协作性强的领导者，让员工、会员、供应商和社区参与到创建一个真诚、优质的机构总体目标中。
● 制定卓越标准，确保俱乐部、员工和设施的所有领域超越会员期望。
● 重建游泳池（资本项目 210 万美元），重建家庭友好氛围，提升会员士气。
● 修复地方政府关系；使俱乐部能够进行富有成效的谈判，取得社区支持并成功完成资本项目。
管理风格和成就：擅长评估当前人才库，调整员工结构以实现既定目标，重组团队以确保人尽其才，培养有凝聚力的个人团队来承担责任并提供优质卓越的服务。多方面对员工进行培训，让他们了解每个角色如何成为整体的一部分。
● 创造尊重和信任管理的文化，创造出员工希望工作并努力表现良好的环境。

续表

杰克·布隆伯格	纽约州杰弗逊港波尔街210号，10077 6315558888 | jbloom@sample.com

- 开发和推广以成功为导向的培训方案，为管理层提供实际工具以取得真正成果；对员工进行投资，发现高潜能并指导职业发展。
- 重新谈判职业高尔夫和网球合同，以更好地使职业球员的长期目标与俱乐部的长期目标结合起来。

节约成本和创收：在不牺牲产品和服务的质量和范围的情况下节省资金。确保收入的实际预算和预测，管理所有领域开支。开发新的项目和服务，促进会员参与并产生额外收入来源。

- 控制球场和绿色团队的劳动力成本飞涨，重新协商了物业税和水价以使俱乐部受益。
- 重振少年营和儿童项目，产生4万美元的适度利润。
- 与保险公司密切合作，确保能适当补偿因飓风艾琳和桑迪造成的损失。

财务管理：以盈利为导向，对财务负责。即使在经济低迷时期，也能为表现不佳的组织创造收入和提供帮助。所有财务目标都在会员满意的情况下完成。

- 连续10年取得了财务进展。
- 第一年运营亏损45万美元，两年内实现运营预算收支平衡并持续至今。
- 2004年起成功调整大型资本项目债务偿还条件，目前跟踪情况优于预期。

新泽西州菲力荷镇区斯坦尼治俱乐部　　　　　　　　　　　2002年至2004年
《高尔夫文摘》评估的国际公认高尔夫球场和俱乐部100强。
副总经理
管理会所各方面事务。训练员工以确保提供卓越服务，同时组织会员活动和假日聚会。
流程改进：为会计、餐厅和球具店设计和实现后台办公和销售点联网。
活动策划：率先完成2004年业余高尔夫赛事的策划工作并在美国全国广播公司财经频道（CNBC）播出。

早期职业生涯
纽约州纽约市何拉餐厅　　　　　　　　　　经理
纽约州纽约市四季酒店对外美食　　　　　　经理
佛罗里达州迈阿密市Excalibur活动　　　　餐饮经理

教育、证书和执照
毕业于密歇根州普罗维登斯市强生威尔士大学餐饮管理专业
获得食品服务与管理认证、食品卫生认证、葡萄酒认证

罗伊·M. 佩恩	5082661535 | roympenn@gmail.com www.linkedin.com/pub/roy-penn
	**入门级工程** 系统工程师、测试工程师、商务智能分析师
附加价值 ●项目管理 ●团队领导/动机 ●技术写作 ●预算编制 ●成本会计 ●成本/效益分析 ●需求验证/核实 ●需求测试/分配 ●系统集成 ●关键路径分析	工程管理专业本科毕业生。全面发展的人才，具备独特的学术发展经历，受过体育训练，有实际操作的商业洞察力，进行过大量长期的相关领域实习（土木、机械和系统工程）。培养了强烈的职业道德和终身在家庭学校环境下学习的热情，最终达到大学水平和高级工程学要求达到的水平。15岁开始上大学课程，在学习科目和学习计划方面表现出独立决策的能力。
相关课程 经济学 系统工程基础 物流与供应链管理 模型制作与模拟试验 概率论与统计学 复杂系统项目管理 系统集成 系统架构与设计 热力学	**教育** 工程管理学士学位 辅修：经济学 系统安全工程学毕业证书，系统工程与架构 纽约格兰德岛布鲁克斯理工学院 毕业时间：2016年6月 | GPA: 3.7
技术技能 AutoCAD、SolidWorks、MS Excel w/ Solver、MS Word、MS PowerPoint、MS Sharepoint、MiniTab、Salesforce、Mac OSX、Windows 10、Internet (Explorer、Firefox、Chrome)	**荣誉与个人成就** 霍华德·T. 布鲁克斯奖学金、优秀学者奖学金、布鲁克斯荣誉学会、五届全美大学生体育协会游泳运动员、布鲁克斯学者、优秀学生
	**能够成功应对各种活动** ●3次全美大学生体育协会游泳个人项目。 ●铁人三项和滑雪队成员。 ●每周训练20小时以上，同时保持优秀的在校平均绩点和实习成绩。

续表

罗伊·M. 佩恩	5082661535 | roympenn@gmail.com www.linkedin.com/pub/roy-penn

实习 致力于专业发展，并获得了宝贵的实践经验
纽约奥尔巴尼 Carriage 公司（6 个月） 一家提供全方位服务的广播工程公司，提供先进的数字和高清晰度设备的系统咨询、规划、设计和集成。网址：www.thecarriagefirm.com **系统工程实习生** 作为公司工程部门一员获得了宝贵经验。合作并投入具体项目，调查并实施对 AutoCAD、Excel 和 MS Access 项目文档的基本更改。与计划部门合作，在 Excel 中更新和格式化供应商价格表。 ● 按照特种设备安全技术规范标准组织和格式化供应商价格表。 ● 在 AutoCAD 中创建功能图以表示供应商产品。 ● 管理 Sharepoint 项目图纸和文档数据库。
纽约州尤蒂卡镇丹斯维尔公司（7 个月） 丹斯维尔公司是太阳能发电项目的开发商、所有者和运营商。www.dansvillecorp.com **销售与市场实习生** 直接向销售和市场高级副总裁汇报。利用 Hoovers、PropertyShark 和谷歌地球支持各种职责，包括客户识别和采购；确保积极的直接客户互动；数据库管理 (Excel 和 Salesforce)。 ● 完善公司数据库，提高数据检索效率。 ● 引入谷歌地球作为客户端识别工具。连接数据库与谷歌地球文件，使公司能够绘制整个纽约和佛蒙特州部分地区的当前和潜在客户图，而不会与大量现有数据库信息产生重叠。
纽约州纽约市瑞克兰德玩具公司（6 个月） 瑞克兰德玩具公司生产各种儿童玩具，产品包括学习玩具、学龄前儿童玩具、婴儿用品和儿童产品。www.ricklandtoys.com **机械工程实习生** 作为紧贴玩具生产线的机械工程师，属于设计师、电气工程师和包装工程师组成的跨职能团队一员。与团队成员合作，确保产品符合标准。向工程总监和高级项目工程师汇报工作。 ● 接收不同研制阶段的玩具；与团队一起确定所需变更，并向中国香港的制造工程师报告调查结果。 ● 负责与中国香港直接沟通指定产品线。 ● 挑战发现各种机械问题的创新解决方案。 ● 在高级项目工程师为期两周的休假期间成功承担并履行其职责。

玛丽·史密斯
宾夕法尼亚州费城
2151234567
marysmithmarketing @gmail.com
www.linkedin.com/in/marysmithmarketing

数字策略师 | 战略伙伴关系和联盟创建者
在开拓新市场、建立关系、与供应商和客户合作开发媒体、娱乐和其他领域双赢解决方案等方面取得了卓越成就。作为问题解决者、熟练谈判者和有才能的主管,通过建立有凝聚力的团队来实现结果。战略敏锐的思想领袖,能够产生新的想法,在客户参与中创建新颖有效的数字解决方案。采用的创意方式能够平衡多种平台产品发布的复杂情况。

核心竞争力
- 分析
- 品牌管理
- 业务发展
- 企业赞助
- 跨职能团队
- 数字营销
- 电子商务
- 创新计划
- 整合营销
- 领导力和培训
- 谈判
- 新产品发布
- 损益管理
- 收入和利润的产生
- 社交媒体营销
- 战略合作伙伴关系
- 战略销售和战术调整
- 团队建设

工作经验

宾夕法尼亚州西切斯特 QVC 公司,2014 年至今
客户体验和业务服务高级副总裁
- 与媒体和娱乐公司以及行业聚合商共同研发独特的数字解决方案计划,协调跨职能团队,帮助一家营收 2800 万美元的公司制定并推进方案。

宾夕法尼亚州西切斯特 QVC 公司,2010-2014 年
数码品牌副总裁
- 利用战略合作伙伴关系和重组政策、定价和流程,创造了 2800 万美元的收入渠道,同时增加了品牌曝光率。

加利福尼亚州卡尔弗市索尼影视娱乐公司,2007-2010 年
高级业务发展主任
- 与图书出版商、唱片公司、电影和视频工作室等媒体机构就内容和定价进行谈判。

续表

加利福尼亚州查茨沃斯镇图像娱乐公司，2004—2007 年 特殊市场业务开发主管 ●在删除了最低订单金额后，将管理费用降低了 32%，把小型企业客户推向电子商务内部网站。 ●领导一个工作组开发了一个在线订购系统，以简化公司范围内的目录，并增进了产品的可视性，从而将 100 多万美元的亏损转化为收入来源。 加利福尼亚州洛杉矶市美国环球广播公司，2001—2004 年 在线销售和新产品发布经理 ●策划和管理 20 多个谷歌广告词活动并付费搜索 200 万个库存单位，随后进行可操作性的网络分析以提高在线销售转化率和优化在线营销。 宾夕法尼亚州莫尔文市 Stream 公司，1997—1999 年 账户协调员 ●制订了在两年内将业务计划翻番的关键举措。 宾夕法尼亚州东南部各学区，1980—1997 年 老师 ●教授高中英语、商务和技术课程。
教育
宾夕法尼亚州费城宾夕法尼亚大学沃顿商学院，2001 年 ●工商管理硕士，战略管理与市场营销双学位 宾夕法尼亚州西切斯特市西切斯特大学，1980 年 ●心理学文学学士
奖励和荣誉
●美国环球广播公司"领导鼓掌奖" ●索尼影视娱乐创新奖 ● QVC 公司史诗奖
志愿者
●费城地区大职业组织会员主席
兴趣
●科技、跑步、健身、滑雪、烹饪、旅游、社交媒体、新闻、电影、迪士尼和剪贴簿。

附录七 个人市场规划

阿兰娜·史密斯

课程与教训论专业硕士，人才发展协会认证的培训师候选人

培训/教学设计和研发管理

10年以上专业经验，致力于开发和推出培训解决方案以优化企业绩效

● 学习和发展专业知识，并在初创环境下取得成功。在学术和商业环境下，为多文化环境中的成人学习者提供具有最佳实践效果的成熟培训咨询方法。

● 全方位体验教学设计过程，包括混合式学习、面对面培训、电子学习（异步通信、虚拟教室、移动设备）和实时便利学习。熟悉学习和开发设计流程的各个方面，包括需求评估、差距分析和评价。

● 曾在美国、沙特阿拉伯、迪拜及南极洲进行教学、演讲和工作。

职位头衔和级别	地理位置	行业或公司规模
培训/教学设计和研发经理	华盛顿特区	中型企业

目标公司及组织		

附录八　价值取向信

谷歌公司
收件人：人事运营团队
加利福尼亚州山景城圆形剧场公园路1600号，94043

尊敬的人事运营团队：

你们是否需要在大费城地区挖掘一位聪明能干、受过良好教育、立志成为谷歌员工的人才？

作为一名经验丰富的教育工作者、活动策划人和具有创业精神的本地导师，我在本地职业转型社区提出了一些创新的想法，可以让其他人在寻求下一个机会时变得更加精通技术。

如果谷歌准备在本地区设立分支机构，我认为可以率先采取以下几项举措：

●为谷歌平台上的讲习班和应用程序提供课程和指导，供本地中小型企业、儿童和成人（包括职业过渡社区）使用。

●像微软和苹果那样在本地发起社交小组以建立社区、关系和形成良好意愿。

●与当地业务开发团队合作，将产品培训纳入销售技能课程。

我期待收到你们的来信，以便能共同探讨战略伙伴关系并规划未来。

真诚的，
林恩·M.威廉姆斯
费城地区伟大事业集团董事

附录九　月度开销清单

固定开支	每月额度	自由开支	每月额度
住宅		休闲	
抵押/租金		娱乐	
房产税		媒体	
取暖费		爱好	
电费		运动/健康俱乐部	
电话费		其他	
电视费：有线/卫星			
网络费			
其他		服装	
保险		购物	
房屋		维护和维修	
汽车			
健康			
生活		捐赠	
其他		教堂	
信用卡支付		捐献	
汽车		礼物	
信用卡		其他	
其他			
食品			
杂货		个人	

续表

固定开支	每月额度	自由开支	每月额度
外出就餐		理发/美发	
交通		宠物	
汽车维修		个人物品	
汽油		其他	
停车费			
公交费			
其他			
家庭			
儿童保育			
儿童抚养			
医疗费用			
处方			
其他			
以上未列出的其他费用			

附录十　求职信

如第八章所述，本附录包含两个样本，说明求职信应包含的信息类型。

●样本一为标准求职信，强调职位关键吸引点及求职者对职位感兴趣的原因。

●样本二采用"T"字结构，左栏列出主要职位要求，右栏列出求职者资历。此格式适用于需要清楚显示个人背景符合职位要求的求职者。

尽管对求职信的价值众说纷纭，但根据经验，拥有一份求职信有利而无害。因此，建议花时间撰写一份可靠的主求职信，其中包括为特定职位量身定制的自身全部潜在吸引点。

玛丽·史密斯
宾夕法尼亚州费城，2151234567，marysmithmarketing@gmail.com
www.linkedin.com/in/marysmithmarketing

2016 年 10 月 20 日
谷歌人力资源总监
加利福尼亚州比弗利山威尔希尔大道 9701 号 1000 室，90212

回复：经理、内容合作伙伴、YouTube 和 Google Play 交易合作伙伴的职位

致相关人士：

　　在当前的经济形势下，客户服务和新业务开发是营销活动的成功关键。作为一个以结果为导向的领导者，我曾经让内部团队和外部成员参与企业使命并推动发展计划，能够清楚地定义贵公司并区分价值取向。我善于利用特殊机会发展长期战略合作伙伴关系，把公司产品和服务渗透到新的垂直业务领域，实现了数百万美元的增量收入。此外，我还把一笔巨额亏损变成了营利业务。我定义挑战，寻求满足和超越目标的解决方案，为双赢机会提供卓越成果。除了在日常合作活动中提供出色的客户服务外，我还通过制定和推荐业务战略来关注增长活动。

　　过去的 20 多年里，我在娱乐和媒体行业及其他领域与知名伙伴合作，并与关键合作伙伴建立了根深蒂固的战略关系，推动了跨职能团队的目标并执行了该团队的计划。我的激情在于能够应对快速多变环境中的日常挑战，能够经受住考验，在负责任的同时解决冲突。我不仅挑战思想和想法，而且在处理多个优先事项的同时，为思考、创造和执行想法的前沿方式做出贡献。我曾经在数字娱乐、电影制片厂、电视广播 / 有线网络、广告代理和数字平台等领域工作。此外，我还与律师协商了合同和其他法律文件，以满足严格的最后期限，并借助分析和模型介绍了产品和程序。

特定职业成就实例包括：
● 与 ABC 公司协商联盟，推广公司在新实体成立时的产品销售，两年内获得 3200 万美元的收入。
● 通过开发宣传网站，简化了对公司范围内目录的访问，将资金损失转化为收入来源，节省了 60 万美元的运输成本。
● 通过取消最低订单金额，将小型企业客户推向电子商务内部网站，将潜在管理成本降低 55%。

　　我致力于成为变革推动者，并影响他人推动变革。如果您正在寻找一位经验丰富、有洞察力和远见的业务发展主管和内容合作伙伴经理，以确保贵公司拥有一个可行的崭新未来，我希望能有机会进一步与您面谈。感谢您的考虑，我期待尽快收到回信，因为我对这个职位非常感兴趣，相信自己会成为谷歌的有用资产。

真诚的，
玛丽·史密斯

玛丽·史密斯
宾夕法尼亚州费城， 2151234567 ， marysmithmarketing@gmail.com
www.linkedin.com/in/marysmithmarketing

日期：2016年10月20日
收件人：IMDb人力资源总监
主题：主营业务发展职位

在查看领英招聘信息时，我对贵公司的主营业务发展职位极感兴趣。

主营业务发展职位的主要要求	玛丽·史密斯的资质·
1. 10—15年相关工作经验。	在娱乐和媒体行业及其他领域拥有20多年的经验。
2. 能够建立关系、制订商业计划和拉近合作关系。	拥有20多年的行业关系以及在新业务发展方面的卓越成就。 有制订商业计划和编制报价单的工作经验。 擅长建立战略和拉近客户伙伴关系。
3. 能够优先安排资源，创建产品路线图，制定产品规格并与工程师合作。	能够在面临有限资源时对资源进行优先排序并进行创新。 使用创意方法在新包装上突出产品功能以推动销售。 能与各个工作级别的不同个人进行良好沟通与合作。
4. 能够创建故事和价值取向，开发演示文稿并在客户面前演示。	战略敏锐、联系紧密、富有成效的思想领袖，在开拓新市场和通过客户演示提高收入方面取得过卓越成就。 熟练的谈判者和问题解决者，与客户和供应商合作开发可靠的解决方案，并形成双赢的价值取向。
5. 愿意在所有深层次问题上工作，有企业家精神。	制定并实施交叉销售策略。 扩大产品营销计划。 自我驱动和才华横溢的经理，能够建立一个有凝聚力的团队来交付成果。

在当前的经济形势下，客户服务和新业务开发是营销活动成功的关键。作为一个以结果为导向的领导者，我曾经让内部团队和外部成员参与企业使命并推动发展计划。我善于利用特殊机会发展长期战略合作伙伴关系，把一笔巨额亏损变成了营利业务，实现了数百万美元的增量收入。我定义挑战，寻求满足和超越目标的解决方案，并取得了卓越的成果。

职业成就包括：
● 在索尼影业娱乐公司任职期间与ABC公司协商联盟，以推广该公司新的实体产品，在两年内获得了3200万美元的收入。
● 通过开发宣传网站，简化了对公司范围内目录的访问，将资金损失转化为收入来源，节省了60万美元的运输成本。
● 通过取消最低订单金额，将小型企业客户推向电子商务内部网站，将潜在管理成本降低55%。

我致力于成为变革推动者，并影响他人推动变革。如果您正在寻找一位经验丰富、有洞察力和远见的开发主管，以确保贵公司拥有一个可行的崭新未来，我希望能有机会进一步与您商谈。感谢您的考虑，希望很快能与您交谈。

玛丽·史密斯

附录十一　国外市场

本附录可用于你和身边的人为移居海外做准备时。

独自移居国外

如果你只是一位在国外寻找更多机会的求职者，无须承担配偶或家庭责任，那么需要做的可能相对简单。不过，你仍然需要把一些事情做到位，为成功做好准备：

● 朋友和家庭

——他们反对你离开吗？有正当理由吗？你能做些什么来减轻他们的恐惧？

——创建脸书页面或博客，让每个人都及时了解自己的冒险经历。

——需要与家里联系时，列出家庭核心成员的电话或Skype号码清单。

● 银行业务和金钱

——至少在美国开设一个银行账户，对回来探视或旅居结束后搬回来会很有帮助。

——计算财务状况，确保有足够的金钱在新的地方开始生活。

——了解在新国家开立银行账户需要哪些文件，把纸质版和电子版都整理好。

——给留在美国的直系亲属写好授权书，以备在经济或其他方面处理任何事情。

● 住房

——你有自己的房子吗？建议确定出租或出售，在国外时家里空无一人会对保险额度产生影响。

——你打算把大部分东西放家里，还是趁此机会整理后在院子里降价出售？

——在离开美国前，尝试在新地方安家完毕。这样可以平稳过渡。

● 语言技能

——你可能需要参加一个会话语言课程。学习基本短语将有助于融入，即使以后工作时主要使用英语。

● 医疗和健康

——看看移居国家或雇主提供了哪些医疗保健计划，注意是否存在原定计划未覆盖的费用。

——确认是否需要接种疫苗才能进入新国家或是否存在任何健康风险（例如，前往加纳的旅客需要接种黄热病疫苗）。

——询问美国的医疗保健专业人员，自己的先天身体条件是否存在难以适应新国家的问题或是否需要做些准备才能适应。

● 驾驶执照

——将自己的美国驾照至少续期一年。有些国家允许持美国驾照上路。

——了解自己是否需要国际驾照以及是否有资格申请。

● 宠物

——你能把宠物合法带到新国家吗？需要哪些程序？准备搬回美国时能把它带回来吗？

——宠物是否可以运输？有些国家需要美国农业部的兽医证书，请访问这个网站获取所在州的证书：www.aphis.usda.gov/animal_health/

area_offices。

——把宠物带到新国家是否过于昂贵？如果带不了，怎么办？

和伴侣一起移居国外

和伴侣一起移居时，也仍然需要注意独自移居时的一切注意事项，不过跟别人分享这段旅程是很幸运的一件事。所谓随迁配偶，就是指与伴侣一起移居的人。要是伴侣不情愿，你会怎么做？怎样才能说服伴侣接受你的梦想呢？以下方法可能会有所帮助：

● 在决定中创造"我们"概念

——这是一个重大决定，值得让生活伴侣投入其中。在这个过程的早期就打开并一直保持沟通渠道。

——花时间单独研究或一起研究。不仅是查找信息，还可以查看论坛，在那里能够实时搜集到新的潜在居住国相关信息。

——时刻记住这个决定涉及你们两个人，这是最重要的。

● 财务和预算

——夫妻吵架的首要原因是金钱。在支出方面，要确保你们的支付信息保持同步。

——你们俩都有权查看美国和海外的银行账户吗？

——保留至少三个月的费用作为储备金。这将给你一种财务上的安全感，有助于消除恐惧。

● 要先尝试一段时间吗？

在出售所有财产和飞往新地点之前，在心里考虑个结束日期。对某些人来说，永远是个可怕的概念，你的配偶可能也属于这个群体。在一段特定时期内，给新区域设置一个没有附加条件的试用期。

● 工作还是不工作？

——这可能是配偶一生的机会。也许她一直想写本书、学画画，或者去非政府组织当志愿者。随着她的梦想能够实现，所有这一切都可以被包装起来。

——搬迁方案一般包括随迁配偶的过渡津贴。雇主还会提供简历制作、职业咨询、招聘协助或实际就业机会等服务。在收到报价后，确保与雇主核实这方面。

——创业型配偶能够创办零售企业、英语辅导服务，甚至自由职业互联网公司，这些都有助于确保梦想成真。

带着孩子移居国外

根据孩子的年龄，让他们早日融入国际社会无疑是获得认同的关键。每个年龄组都会面临不同的挑战，下面列出了面对挑战的技巧和诀窍。

幼儿和学龄前儿童

●**解释新的一切**

公开谈论新的国家、新的房子以及孩子的新朋友。虽然他们还太小，无法完全理解将要发生的一切，但他们会愿意接受能够理解的内容。

●**常规项目**

这个年龄组需要处理的主要是常规项目。不要让孩子的生活发生过于显著的变化，这样可以确保他们的行为没有明显差异。

学龄儿童

●**研究国家**

——把地球仪或地图放在孩子房间里，然后标出要去的地方。学龄儿童能够把看到的内容与现实联系在一起。

——通过学习目的地相关的新项目，创建一个有趣和令人兴奋的游戏。

——联系孩子就读的学校，让全班同学了解你们要移居的国家。

● 学校教育

——选择学校时要考虑到孩子的兴趣。和美国一样，国外有些学校注重体育，也有些学校则注重艺术。

——尽快将孩子与选择的学校联系起来（比如通过聊天或脸书）。

● 语言

——孩子们的语言学习速度很快，但提前开始将有助于克服最初不懂语言的障碍。

——聘请语言家教或报名上语言课。

● 回家后的朋友

在新的朋友圈形成之前，孩子们需要维护当前朋友圈子。借助脸书、聊天或电子邮件等途径为他们创造一种交流对话的方式。

● 让他们交流感受

——随时保持沟通渠道畅通。永远给出诚实的答案，即使没有答案。

——让他们列出一张最怀念的物品清单，看看新国家能否买到。

——让他们决定把什么放在仓库里，把什么带到新国家。

——认识到每个孩子的成长过程不尽相同，陪在他们身边。

青少年

● 讨论桌

虽然移居决定并不取决于孩子们，但从第一天讨论开始就应该让他们参与进来。这是让他们接受的第一步。

● 社交网络

——朋友是他们生活中重要的一部分。在过渡过程中，要尽量争取让孩子们的朋友们参与进来并试图获得他们的帮助，这样会让事情变得容易很多。

——鼓励孩子结交朋友，帮助他们打包和组织告别聚会。

——确保孩子与朋友保持虚拟世界的联系。他们希望与认识的每个人保持定期联系，至少从一开始是这样的。

● **学校教育**

——一起研究学校。重要的是要知道孩子在学校里想要什么并权衡他们的选择。

——尝试寻找与当前学校课程相同的学校。

——如果预算允许，在做出最终决定之前先去学校看看。这是确保学校合适的一个好办法。

● **课外活动**

运动队、音乐课、教会青年团等都是可以让孩子们兴奋起来的活动。想象一下，一个足球运动员有机会参加欧洲俱乐部的夏令营，或者一个崭露头角的芭蕾舞演员加入一所著名的舞蹈学校。这些都是孩子们在美国无法获得的机会，可能会使孩子们更容易融入。

● **把孩子们留在美国**

有时由于学校教育问题，孩子们必须留守。做出这个决定时让孩子们参与进来。孩子们或许可以选择远程学习，而不是待在寄宿学校或与家人朋友住在一起。